AI와 윤리 이슈

AI문고

인공지능 시대입니다. 기계가 인간의 인지를 대신하고, 사물이 인간을 통하지 않고 다른 사물과 직접 커뮤니케이션합니다. 이에 따른 인간 삶과 문명 변화를 정확히 이해·예측·대응하는 것은 이 시대 우리 모두의 과제입니다. AI문고는 인공지능 기술과 환경의 여러 주제를 10가지 키워드로 정리합니다. 관련 개념과 이론, 학계와 산업계의 쟁점, 우리 일상의 변화를 다룹니다. 인간과 기술의 현재, 미래를 세심히 분석합니다.

일러두기

- 인명, 작품명, 저서명, 개념어 등은 한글과 함께 괄호 안에 해당 국가의 원어를 병기했습니다.
- 외래어 표기는 현행 어문규정의 외래어표기법을 따랐습니다. 다만 '딥러닝', '딥마인드', '딥페이크' 등은 관행을 따랐습니다.

처음이세요?

전문가세요?

AI와 윤리 이슈

김용환 · 임희정

대한민국, 서울, 커뮤니케이션북스, 2025

AI와 윤리 이슈

지은이 김용환 · 임희정
펴낸이 박영률

초판 1쇄 펴낸날 2025년 5월 9일

커뮤니케이션북스(주)
출판 등록 2007년 8월 17일 제313-2007-000166호
02880 서울시 성북구 성북로 5-11
전화(02) 7474 001, 팩스(02) 736 5047
commbooks@commbooks.com
www.commbooks.com

ISBN 979-11-7307-656-5 03500

책값은 뒤표지에 표시되어 있습니다.

차례

인공지능 시대 윤리 이슈

2016년 AI 바둑 소프트웨어 알파고가 공개된 이후, 일반 사람들은 인공지능이라는 새롭고 효율적인 제품과 서비스를 현실에서 만나게 되었다. 2024년 노벨 물리학상과 화학상 수상자는 AI 시대의 선구자들이었다. 노벨 물리학상에는 신경망 모형을 만든 존 홉필드(John J. Hopfield) 프린스턴대학 교수와 '딥러닝'을 창시한 제프리 힌턴(Geoffrey E. Hinton) 토론토대학 교수였다. 노벨 화학상 공동 수상자 데이비드 베이커(David Baker) 교수는 단백질 설계 분야의 선구자로 새로운 단백질을 만들 수 있는 AI인 '로제타폴드(RoseTTAFold)'를 개발했고, 데미스 허사비스(Demis Hassabis) CEO와 존 점퍼(John M. Jumper) 박사는 또 다른 단백질 구조 예측 · 설계 AI '알파폴드(AlphaFold)'를 개발했다. 노벨상을 지켜본 과학자들은 AI가 단순한 기술적인 도구를 넘어서 과학 문제뿐만 아니라 정치 · 경제 · 사회 이슈를 해결하는 데에 중요한 역할을 하고 있다고 평가하면서, AI의 빠른 발전이 과학은 물론이고 일상생활 전반에 큰 파급력을 주고 있다는 의미로 설명하고 있다. 특히 2024년 12월 스웨덴 스톡홀름에서 개최된 노벨상 시상식에서 노벨물리학상 수상자 제프리 힌턴은 최근의 개발 속도를 보면 '초지능(Super Intelligence)'이 5~20년 안에 개발될 것이며, AI에 대한 통제 방안을 한시라도 빨리 만들어야 한다고 주장했고, 노벨 화학상 수상자 데미스 허사비스는 AI는 인류가 개발한 가장 강력한 기술 중 하나인 만큼, 그 위험성을 매우 심각하게 다룰 필요가 있다고 설명했다. 한편 2024년 노벨 경제학상을 받은 다론 아제모을루(Daron Acemoglu) 미국 MIT 교수는 AI가 빅 테크 등 소수 권력에 집중돼 세계적 불평등을 확대할 것이라고 경고했다.

인공지능은 테크놀로지 푸시(Technology Push)와 급진적 혁신의 특징이 있다. 인공지능 기술을 이용해 고도화한 기능을 지닌 제품과 서비스를 구현하고 이를 통해 새로운 가치(value)를 창출해, 사용자 경험(UX)을 향상하는 과정을 의미한다. 기술 지식을 가지고 사람들에게 큰 만족을 줄 만한 제품과 서비스를 만들어 낼 수 있는 통찰력이 AI 혁신에서는 가장 중요한 요소다. 즉, 테크놀로지 푸시는 기술의 월등한 기능을 실현해 제품을 개발·확산하는 방식이다. AI 혁신은 전형적인 테크놀로지지 푸시 방식으로 진행되고 있다.

일반적으로 AI 혁신은 크게 두 가지로 구분할 수 있는데, 생성형 AI(Generative AI)와 최적화 AI(Optimization AI)이다. AI 혁신은 각각의 목표와 활용 방식이 다르며, 다양한 산업에서 혁신을 이끌고 있다. 생성형 AI는 창의적인 결과물을 만들어 내는 데 중점을 두며, 새로운 콘텐츠나 데이터를 생성하는 데 사용한다. 최적화 AI는 문제 해결과 효율성에 중점을 두며, 주어진 조건 내에서 최적의 솔루션을 찾는 데 사용한다. 생성형 AI와 최적화 AI 기술은 서로 다른 목적을 가지고 있지만, 서로 보완적으로 다양한 산업에서 혁신을 주도하고 있다.

AI 혁신과 함께 양자 컴퓨터 개발이 상용화되면, 인간과 AI 간의 격차가 없어지는 '특이점(singularity)'이 발생할 가능성이 있다. 특이점이란 인공지능이 비약적으로 발전해 인간의 지능을 뛰어넘는 기점을 의미한다. 현재와 같이 인간이 기술을 발전시키는 것이 아니라 기술이 기술을 발전시킨다는 것이다.

AI가 4차 산업 혁명의 발전 패러다임인 디지털 경제를 혁신하는 '게임 체인저'로 진화할까? 구체적인 프로세스인 'DX'와 'AX'가 중심인 비즈니스 혁신으로 발전하고 있는가? 또한 디지털 전환(DX, Digital Transformation)은 디지털 기술을 활용해 기존의 비즈니스 모델을 혁신하고, 운영 효율성을 높이며, 고객 경험을 개선하는 과정이다. '디지털 전환(DX)'은 대규모로 기술을 지속적으로 배포해 가치를 창출하는 것을 목표로 조직을 재배치하는 것이다. 특정 영역에 초점을 맞추고 특정 기능을 기반으로 하는 명확한 'DX 전략'은 조직의 경쟁력 제고뿐만 아니라 생존하는 데 매우 중요하다. 'DX'는 일회성으로 끝나는 프로젝트가 아니다. 디지털 경제의 핵심은 디지털 전환(DX)이다. 특히 디지털 혁신(Digital Innovation)이 가속화함에 따라, 디지털 경제의 성장 엔진으로 인공지능이 주목받고 있다. 기존 산업계 전반을 관통했던 DX의 개념은 기존 산업이 5G와 클라우드 등 기반의 ICT 인프라를 통해 자동화에 가까워지는 것으로 볼 수 있으며, 인공지능 전환(AI Transformation: AX)은 인공지능 기술을 활용해 기업의 비즈니스 프로세스, 제품, 서비스를 전환하고 새로운 가치를 창출하는 과정이다. DX의 경우 몇 개의 ICT 키워드가 기계화 및 자동화를 통해 산업 생산성을 키웠다고 볼 수 있고, 인공지능 전환은 AI라는 하나의 키워드만으로 단순 자동화가 아닌 유기적인 프로세스 완성으로 산업 생산성을 극대화한다고 설명할 수 있다. 글로벌 산업 생태계를 변화 · 발전시키는 '게임 체인저'로 AI가 부상하는 것이다. 따라서 인공지능 전환은 단순히 AI 기술을 도입하는 것이 아니라, 기업 전체의 조직, 문화, 전략에 AI를 통합해 혁신을 이루는 것을 목표로 한다. AI가 전 산업 생태계에서 '메기 효과(catfish effect)'로 작용해, 2022년 이후 AI 중심 경제로 진입하면서 급속한 성장 및 투자 유치가 발생하고 있다. 예를 들면, 전기 자동차 선두 기업 '테슬라'라는 메기는 중국의 전기 자동차 제조 기업만 잠에서 깨운 것이 아니라, 중국이란 거대한 시장 구조 전체를 변화하게 만들었다. 화웨이 같은 통신 회사, 샤오미 같은 휴대폰 제조 기업까지 전기 자동차 산업에 뛰어들기 시작했다. 그리고 이런 경쟁 과정 속에서 2023년 BYD는 중국 자동차 시장에서 1위(글로벌 톱10)의 제조 기업으로 급성장하게 되었다. 하지만 AI가 지속적인 성장을 위한 핵심 요소이기는 하나, 지속적인 경영 성과를 제공하지는 못하고 있다. 2024년부터 투자 대비 경영 성과가 저조하면서 'AI 거품론'에 주목하고 있다.

그럼에도 2022년 오픈AI가 챗지피티(ChatGPT)를 공개하고, 2023년 구글이 제공한 바드(Bard)와 제미나이(Gemini), MS의 빙(Bing)과 코파일럿(Copilot) 등 다양한 인공지능 제품과 서비스가 인간에게 'AI 라이프'를 자연스럽게 만나게 하고 있다. 이제는 인공지능 시대다. 특히 영국 옥스퍼드 시멘틱 테크놀로지스는 2017년 옥스퍼드 대학 교수 3인이 공동 창업한 스타트업으로, 데이터를 사람의 지식 기억 및 회상 방식과 유사하게 저장, 처리하는 세계 최고 수준의 '지식 그래프(knowledge graph)' 원천 기술을 보유하고 있다. 지식 그래프는 관련 있는 정보를 서로 연결된 그래프 형태로 표현해 주는 기술이다. 데이터를 통합하고 연결해 사용자에 대한 이해를 높이고, 빠른 정보 검색과 추론을 지원해 보다 정교하고 개인화한 인공지능을 구현하는 핵심 기술 중 하나다. 현실 생활에 사용되는 다양한 디지털 기기에서 끊임없이 변화하는 방대한 데이터를 지식 그래프로 변환하고 활용하는 과정에서 복잡한 연산이 수반되기 때문에 난이도가 높은 기술이기도 하다. 옥스퍼드 시멘틱 테크놀로지스는 데이터 처리 최적화와 고도의 추론이 가능한 지식 그래프 기술을 개발해 상용화했다. 현재 유럽과 북미 지역의 금융, 제조, 전자 상거래 등 다양한 분야 기업들과 협력 중이며, '지식 그래프' 기술은 일반적인 사회생활에서도 AI를 자연스럽고 다양하게 활용하고 있다.

그러면 AI가 만든 아이스크림을 먹으면서, AI를 즐기는 인간 생활을 만나 보자. 2024년 7월 SPC 배스킨라빈스가 구글 인공지능 '제미나이'와 협업해 새로운 아이스크림을 개발하고 제품을 출시했다. '트로피컬 썸머 플레이'는 구글 앱 스토어인 구글 플레이의 로고 색에 맞춰 제미나이가 추천한 원료로 만들어졌다. 제미나이는 여름철 구글 포털에 자주 검색되는 재료 등의 데이터를 학습해 다양한 AI 아이스크림을 제공하게 되었다. 그 결과 파랑(패션후르츠 소르베) · 빨강(오렌지 샤베트) · 노랑(망고 샤베트) · 초록(애플 샤베트)의 색으로 구성됐다. 성격 유형 검사(MBTI) 결과와 그날의 기분 등을 입력하면 제미나이가 배스킨라빈스의 31가지 아이스크림 중 어울리는 맛을 추천해 주는 것이다. 또한 글로벌 검색 시장을 장악한 구글이 'AI 검색' 시대를 맞아, 생성형 AI 챗지피티의 새로운 도전과 기회를 제공하고 있다. 즉, 즐겁고 편리한 인간 생활을 위한 AI 검색과 이를 활용하는 AI 폰과 AI 반지 및 AI 목걸이 등 다양한 AI 서비스 생태계를 경험할 수 있다.

세계 최초 AI 폰과 AI 반지를 제공한 삼성전자의 AI 생태계는 글로벌 소비자들에게 'AI 라이프'를 자연스럽게 접하게 해 준다. 디지털 혁신과 데이터의 집단 지성을 통해, 삼성 AI 라이프로 누릴 수 있는 장점들은 여러 제품을 함께 활용할 때 더 커진다. 스마트싱스(SmartThings)

맞춤 설정으로 서로 연결된 가전들이 유기적으로 작동하는 AI 라이프의 방식이 가사 노동에 소요되는 시간을 크게 줄여 준다. 가전 · TV · 모바일 등 전 품목을 아우르는 제품 라인업은 물론, 이들을 하나로 연결해 맞춤 루틴을 실행해 주는 스마트싱스 플랫폼까지 모두 갖춘 AI 리더십으로 꿈꾸던 일상을 현실로 만들어 준다고 삼성전자는 설명한다. 삼성전자는 AI가 익숙하지 않던 시절부터 가전에 AI 기술을 접목하는 다양한 시도를 이어 오며 AI 라이프의 서비스 플랫폼 기반을 만들었다. 그 결과 AI 기술력을 인정받아 한국 표준 협회로부터 국내 가전 업계 최초로 AI+ 인증 및 AI 신뢰성 인증과 세계 최초 AI 경영 시스템 인증을 받고, 글로벌 안전 과학 회사 UL 솔루션즈로부터 세계 최초 AI 검증 및 최고 보안 등급을 획득했다. 2024년 세계 최초 AI 스마트폰 '갤럭시 S24 시리즈'와 AI 반지 등을 공개하며 세상과 소통하는 방식까지 새롭게 변화시키고 있다. 이제 언제 어디서나 온라인에 접속할 필요 없이 AI로 빠르고 편리하게 소통하며 언어의 장벽을 넘어 새로운 모바일 라이프를 경험할 수 있다는 것이다. AI 라이프에서는 새 제품에 익숙해질 때까지 적응 시간도 필요 없다. 삼성의 AI 디바이스들은 소비자의 데이터를 학습해 AI 기능의 정확도를 지속적으로 개선한다. 제품을 오래 사용할수록 축적 · 저장되는 데이터는 사용자의 생활과 패턴에 맞춰 한층 더 정교해지면서, 소비자들에게 다양한 개인 맞춤형 디지털 편의성을 제공한다.

2024년 7월 테크 크런치는 AI 스타트업 프렌드닷컴이 목에 거는 AI 기기 '프렌드(Friend)'를 출시한다고 보도했다. 하루 종일 대화 듣고 친구처럼 말을 걸어 주는 AI 목걸이가 공개되었다. AI 목걸이는 문서를 요약하거나 메일을 대신 써 주지는 않는다. 단지 언제 어디서나 대화를 경청하고, 요청 시 대화가 가능할 뿐이다. 프렌드는 목에 걸거나 옷이나 액세서리에 끼울 수 있는 펜던트다. 사용자가 말을 하거나 주변 소리를 녹음하기 위한 내장 마이크가 탑재된다. 별도의 AI 장치로 보기는 어렵고, 휴대폰과 연결된 블루투스 장치에 가깝다. 사용자가 기기 가운데에 위치한 버튼을 작동해 대화할 수 있으며, 항상 사용자의 말을 듣고 있기 때문에 상황에 맞춰 자발적으로 문자 메시지를 보내 주기도 한다.

그러나 AI 기술과 혁신이 'AI 라이프'와 'AI 생태계'를 제공하면서, AI 기술에 대한 편의성과 신뢰성이 쌓임에 따라 일반인은 더 많은 스트레스를 받게 된다. AI에 대한 지식을 갖지 못한 일반인, 즉 '디지털 디바이드(digital divide)' 및 '인공지능 디바이드(AI divide)'를 겪는 많은 일반인은 어떻게 해야 할까? 2010년대 이후 모바일 세상에서 아이폰과 갤럭시 폰이 모바일 생태계를 제공했듯이, 현재 상황에서는 스마트폰을 AI 폰으로 변화시키고 있다. AI 폰이 애플의 '시리(Siri)'나 삼성전자의 '빅스비'를 AI 비서로 만들어 제공하기 때문에 글로벌 사용자들은 AI 지식 없이 자연스럽게 'AI 라이프'를 즐기게 되는 것이다. 특히 구글은 2024년 8월 '메이드 바이 구글 2024' 이벤트를 통해 '제미나이 라이브(Gemini Live)'와 새로운 픽셀 폰 등 신제품 라인업을 공개했다. 구글의 인공지능 음성 비서 '제미나이 라이브'는 오픈AI의 GPT-4o '고급 음성 모드'에 대응하는 기능 서비스이다. 또한 애플의 '시리' 업그레이드에 맞서, 휴대폰 사용 중 제미나이를 불러오는 무료 오버레이 기능을 추가한다. '제미나이 라이브'는 기존 제미나이에 고급 음성 기능을 추가한 것으로 사용자가 휴대폰에서 심층적인 음성 채팅을 할 수 있다. 이러한 'AI 비서'는 애플, 삼성 등 글로벌 스마트폰 기업들에 의해 보다 다양하게 제공되면서 새로운 'AI 라이프'와 'AI 생태계'를 창출하게 될 것이다. 금융권도 '인공지능 시대'로 진입하고 있다. 글로벌 투자 은행 JP 모건 체이스가 생성형 AI 비서 '대형 언어 모델 스위트

(LLM Suite)'를 도입하며 은행 업무의 디지털 전환에 박차를 가하고 있다. 2024년 최근 몇 주 동안 약 6만 명의 직원들에게 제공된 '대형 언어 모델 스위트'는 이메일 작성, 보고서 작성 등 다양한 업무를 지원하며 업무 효율성을 크게 높이고 있다.

한편 물리학, 수학 등 각종 분야 출판 전 논문을 수집하는 비영리 웹사이트 '아카이브(arXiv)'는 2024년 "과잉 어휘 분석을 통해 알아본 학술적 글쓰기에서의 챗지피티 사용법"이란 제목의 논문을 공개했다. 2024년 나온 논문 초록 가운데 최소 10%는 거대 언어 모델(LLM)로 처리된 것으로 조사됐다. 그간 연구자들이 논문을 쓸 때 챗지피티 등과 같은 LLM에 초록을 맡기는 편법을 쓴다는 분석이다. 이 편법의 비율을 '최소 10% 이상'으로 계량 분석해 냈다. AI 기술 혁신을 통해 생성형 인공지능의 발전이 저자의 힘으로 논문을 쓰는 게 아니라 'AI의 힘에 의존해' 논문을 쓰게 만드는 부작용을 낳고 있다. 학계에선 AI로 작성한 논문이 표절인지를 두고 고심이다. 반면 점차 완벽해지는 AI 통역 덕에 AI가 '영어 장벽'을 허물고 비영어권 학자와 영어권 학자 사이 학문적 격차를 줄이는 일등 공신 역할을 한다는 평가도 있다. 학술 면에서 AI가 꼭 부정적인 면만 있는 게 아니란 주장이 부상하자,

표 0-1. AI 부작용 사례

구분	내용
가짜 뉴스	o 2016년 미국 대선 과정의 가짜 뉴스(Fake News) 논란 o 2020년 미국 대선에서 딥페이크(DeepFake)로 만든 허위 동영상 유포 o 2024년 미국 대선을 앞두고 딥페이크 가짜 뉴스에 제재 o 2024년 1월 21일 영국 더선 등 외신에 따르면, 틱톡, 엑스(트위터) 등 소셜 미디어에서 에펠 탑이 화재에 휩싸였다는 출처 불명의 소문과 함께 화재에 휩싸인 에펠 탑의 가짜 사진이 공개 o 2024년 1월 세계적 가수 미국의 테일러 스위프트의 딥페이크로 인한 포르노 합성 사진이 SNS에 불법적으로 공개되는 사고 발생 o 2024년 2월 2일 홍콩의 금융 회사에서 딥페이크로 인한 금융 사고 발생 - 홍콩의 한 금융 회사 직원이 딥페이크로 재현된 가짜 최고 재무 책임자(CFO)와의 화상 회의에 속아 거액의 돈(2억 홍콩달러)을 날린 사건이 발생 o 2024년 5월 한국 딥페이크 가짜 뉴스에 대응하기 위한 관련 법령을 제정 · 개정 예정 - 이를 통해 AI 생성물의 워터마크 표시를 의무화하고 딥페이크 탐지 · 식별 기술 개발을 추진할 것임 o 2024년 8월 영국에서 소셜 미디어를 통한 '무슬림 이민자가 소녀 3명을 흉기로 살해했다'는 가짜 뉴스를 특정 단체에서 악용 및 선동해 폭동 사태 발생
프라이버시 침해	o 중국 신장 웨이우얼 자치구 지역의 AI 감시 시스템 o 2024년 중국 정부는 인터넷 ID를 제공해 운용할 계획 추진
저작권 문제	o 2023년 12월 뉴욕 타임스는 오픈AI와 MS를 저작권 침해로 고소
편향 · 독성 · 오류	o 2016년 3월 마이크로소프트(MS) 인공지능 채팅 봇 '테이(Tay)' 발표 직후 운영 중단 - 백인 우월주의와 여성 · 무슬림 혐오 성향의 익명 사이트에서 비속어와 인종 · 성차별 발언을 되풀이해 학습시켰고, 그 결과 테이가 혐오 발언을 쏟아 냈기 때문임

구분	내용
차별 · 독성 · 오류	o 2021년 1월 한국 스캐터 랩(Scatter Lab) o 인공지능(AI) 챗봇 '이루다' 발표 - 2021년 1월 발생한 AI챗봇 서비스 '이루다' 사건은 AI 윤리 이슈의 중요성과 파급력을 부각하는 계기가 되었음 - 챗봇 '이루다'가 성차별 · 성 소수자 혐오 표현을 뱉어 내면서 'AI 윤리' 이슈가 부각됨
차별 · 편향	o 아마존 AI 채용 시스템의 여성 차별, 직업 이미지 생성에서의 인종 편향(2018)
	o 영국 대입 시험 점수 산정 시스템(2020) - 영국 시험 감독청은 코로나19로 취소된 대입 시험 'A레벨'을 대신해 알고리즘으로 성적을 산출했으나 편향된 알고리즘 결과에 대해 강한 사회적 반발이 일어나자 이를 철회함
	o 미국 경찰 범죄 수사용 안면 인식 시스템(2020) - 미국 경찰국은 안면 인식 기술을 활용한 범죄 수사 사건에 흑인 세 명을 범죄자로 오인해 부당 고소 · 체포함으로써 인권 침해와 인종 차별 논란을 빚음
	o 네덜란드 복지 수당 사기 탐지 시스템(2020) - 네덜란드 정부는 복지 혜택 부정 수급과 세금 사기를 단속하기 위해 위험 탐지 시스템(SyRi)을 개발 · 활용했으나 국가 · 지방 자치 단체의 데이터를 활용한 사생활 침해, 저소득층이나 이민자 등 소수 · 취약 집단 차별, 비공개 인공지능 모델 · 데이터의 투명성 부족 문제를 지적한 법원 판결로 철회됨

출처: 한국과학기술정보연구원(2024), "인공지능 윤리(AI Ethics): 인간과 인공지능의 조화로운 공존 방안". 《KISTI Issue Brief》, 68, 6쪽 이용해 재작성.

학계 대응도 다양하게 변화하고 있다. AI 활용 논문을 전면 금지했던 세계적인 과학 저널 ≪사이언스(SCIENCE)≫는 2023년 11월부터 AI를 어떻게 활용했는지 상세히 설명할 경우 이를 허용하기로 했으며, 세계적인 과학

저널인 ≪네이처(NATURE)≫와 ≪셀(CELL)≫도 비슷한 기준을 적용 · 검토하고 있다.

로마 신화에 나오는 신 '야누스(Janus)'의 이름과 관련한 표현이 있다. '야누스'는 로마 신화에서 성과 집의 문을 지키는 신으로, 전쟁과 평화를 상징하기도 했다. 그런데 이 야누스의 머리는 하나지만 얼굴은 앞면과 뒷면이 서로 다른 모습을 하고 있기 때문에 한쪽은 앞을 바라보고 다른 쪽은 뒤를 바라보고 있는 모습이다. 바로 '야누스의 얼굴'이라는 것이다. 일반적으로 '두 얼굴을 가진 사람, 즉 말과 행동이 다른 이중인격자'를 가리켜서 '야누스의 얼굴'이라고 표현한다. '야누스의 얼굴'과 같이, 인공지능은 급격히 발전하면서 현실적으로 많은 긍정적 · 부정적인 이슈가 발생하고 있으며, 또한 인간 삶의 다양한 분야에 영향을 미치고 있다. 생성형 AI는 정치, 경제, 사회, 문화, 의료, 금융, 제조, 운송 등 다양한 분야에서 확대되어 활용되고 여러 가지 이슈가 함께 현실화하고 있다. 특히 가짜 뉴스는 진짜 뉴스보다 여섯 배 빠른 속도로 전파된다는 연구 결과가 있다. 미국 MIT가 10년간 트위터에서 3백만 명 이상이 공유한 뉴스 12만6000건을 대상으로 연구해 2018년 ≪사이언스≫지에 발표한 결과에 따르면, 가짜 뉴스와 헛소문이 진짜 뉴스보다 훨씬 빠르고 넓게,

그리고 멀리 퍼져 나갔다. 연구팀이 제시한 설명은 비교적 간단하다. 가짜 뉴스의 기이하거나 혐오스러운 속성이 사람들의 주의를 더 끌기 때문이라는 것이다. 그들은 이 현상을 '신기함 가설(novelty hypothesis)'이라고 불렀다. 2024년 3월 구글이 공개한 『2023 광고 안전 보고서』에 따르면 구글은 2023년 광고 정책을 위반한 55억 개의 광고를 차단·삭제했다. 2022년(52억 개)보다 3억 개 늘었다. 악성 코드 확산 등 네트워크 남용 방지 정책을 위반한 광고가 10억 개로 가장 많았다. 금융 서비스 정책 위반 광고(2억 7340만 개), 각종 사기 수법 포함 허위 진술 정책 위반 광고(2억 650만 개)가 뒤를 이었다. 구글은 광고 정책을 위반한 1270만 개 광고주 계정도 차단했다. 2022년 대비 두 배 증가한 수치다. 부적절한 사이트 자체를 규제한 건수도 39만 5000개로 2022년(14만 3000개)보다 크게 늘었다. 유명 인사들을 사칭해 투자를 유도하는 사칭 페이지를 발견하면 이 페이지를 차단 조치하거나 활동을 제한한 건수 등을 포함한 수치다. 생성 AI 등 기술 발달에 따라 온라인 플랫폼에서의 사기와 속임수가 2023년부터 크게 늘었다. 미국 연방 거래 위원회(FTC) 자료에 따르면, 2023년 소셜 미디어(SNS)에서 발생한 사기 금액은 15억 달러(약 1조 8000억 원) 수준이다. 섬서브에 따르면, 딥페이크로 일어나는 각종 사건 · 사고 피해는 전 세계 곳곳에서 동시다발적으로 급증세다. 2023년엔 전년 대비 북미에서 17.4배, 아시아 · 태평양 15.3배, 유럽이 7.8배 증가했다. 2024년은 전 세계적으로 각종 선거를 앞두고 딥페이크 기술로 유명 인사들을 사칭해 이용자를 속이는 타깃 광고가 많아졌다.

또한 SK쉴더스는 2023년 4분기 랜섬웨어 공격(해킹으로 내부 망에 접근해 데이터를 암호화해 못쓰게 만든 다음 복구 조건으로 거액을 요구하는 범죄)이 1266건 발생해, 2022년 4분기 대비 65.4% 증가했다고 설명했다. 2024년 2월 SK쉴더스는 『2023년 4분기 KARA(한국 랜섬웨어 대응 협의체) 랜섬웨어 동향 보고서』에서 이같이 밝히며 2023년 4분기에 '핵티비즘'을 내세운 다수 랜섬웨어 그룹의 공격이 활발하게 발생한 것으로 조사됐다고 설명했다. 핵티비즘은 해커(Hacker)와 행동주의(Activism)의 합성어로 정치적, 이념적 방향에 목적을 둔 해킹 활동을 일컫는다. 2023년에는 이스라엘 · 하마스 전쟁 등의 영향으로 이스라엘 기업을 타깃으로 한 공격이 다수 진행됐다. 챗지피티를 활용한 랜섬웨어 공격도 발생했다. 중국 정부가 모 기업에 랜섬웨어 공격을 수행한 혐의로 체포한 네 명이 랜섬웨어 개발과 기능 개선,

공격 수행에 챗지피티를 악용한 것으로 나타났다. 나아가 최근 랜섬웨어 공격자들이 웜 지피티(피싱 공격 수행을 위해 개발된 AI 모델), 프라우드 지피티(악성 코드 작성, 피싱 페이지 생성 등 수행을 위해 개발된 AI 모델) 등을 위해 생성형 AI 모델을 적극적으로 활용하고 있는 것으로 드러났다.

따라서 AI 발전 및 이슈 증가와 더불어 AI 윤리(AI Ethics)에 대한 논의도 활발해지고 있다. AI는 인간에게 이익을 제공할 수 있지만, 동시에 인간에게 부정적인 영향을 끼칠 수 있는 가능성도 존재하기 때문이다. 구체적으로 생성형 AI가 해킹이나 피싱 메일 작성 등에 활용되면서 '해킹 대중화 시대'에 들어서고 있다. AI에 명령만 하면 다양한 사이버 공격 도구를 만들 수 있게 되면서 누구나 쉽게 해킹을 시도할 수 있는 것이다. 사이버 보안 업체 슬래시넥스트에 따르면 2022년 말 챗지피티가 공개되고 1년간 피싱 공격은 무려 1265% 증가한 것으로 나타났다.

인간에게는 인권이 필요하다는 관점에서, AI 윤리에 대한 다양한 접근과 이슈들에 대한 관심 · 개선이 요구된다. 급속한 인공지능 기술 발전으로 부상하고 있는 AI 윤리에 대한 구체적인 기준과 솔루션은 다음과 같은 인권이라는 기준과 보호에서 출발해야 한다. 첫째, 다양한 빅 데이터를 활용하는 AI는 인종, 성별, 종교, 나이, 성적 지향 등에 대한 차별이 발생할 수 있다. 이런 점을 고려해 가능한 한 AI 시스템은 공정하고 편파적이지 않아야 한다. 둘째, 빅 데이터를 활용하는 AI는 다양한 개인 정보를 수집하고 분석해 프라이버시를 침해할 수 있다. 이를 극복하기 위해 AI 시스템이 어떻게 작동하는지 투명하게 공개되어야 하고, 개인 정보 보호를 위해 AI 시스템에서도 개인 정보를 보호해야 한다. 셋째, 지능형 자율주행 자동차가 사고를 내는 등 AI 시스템이 오작동하거나 악용될 경우 인간에게 해를 끼칠 수 있다. AI 시스템이 잘못된 결과를 초래할 경우 누가 책임을 질지 명확하지 않을 수 있다. 이를 극복하기 위해 AI 시스템의 개발 및 운영에 대한 책임이 명확하게 정립되어야 한다. 넷째, 편리하고 효율적인 AI가 인간의 가치를 위협하고 인간의 존엄성을 훼손할 수 있다. 인간 존엄성 훼손 문제를 해결하기 위해서는 AI의 권한 설정과 결과에 대한 책임 소재 등을 명확히 해야 한다. 이를 위해 AI 시스템의 개발 및 운영에 대한 책임이 명확하게 정립되어야 한다. 인공지능은 인간에게 이익을 제공할 수 있는 강력한 도구이지만, 동시에 윤리적 문제를 야기할 수 있다는 것이다.

인공지능 윤리를 해결하기 위해서는 다양한 이해관계자들과 국가들 및 기관들이 협력해 노력해야 한다. 특히 기술적으로는 주요 국가들과 글로벌 빅 테크 기업들이 양자 기술 개발로 AI 윤리의 다양한 이슈와 문제 등을 해결하려고 많은 투자를 하고 있다. 양자 기술은 양자 컴퓨팅, 양자 통신, 양자 센싱 및 계측을 포함한다. 양자 컴퓨팅은 기존 암호화 시스템을 획기적으로 개선할 수 있다. 양자 통신은 양자 센서와 컴퓨터의 안전한 암호화 키 분배 및 네트워킹을 가능하게 한다. 양자 센싱 및 계측은 새로운 종류의 의료 기기 및 스텔스 항공기 탐지 등 새로운 상용 제품이나 완전히 새로운 산업을 창출할 수 있다.

인공지능 윤리는 다양한 질문들을 고려해야 한다

인공지능 윤리는 인공지능 기술 개발 및 활용 과정에서 발생하는 윤리적 문제를 다루는 학문이다. 인공지능 윤리는 다음과 같은 질문들을 고려해야 한다.

첫째, AI 기술과 다양한 제품과 서비스는 인간에게 어떤 영향을 미칠까? 2022년 11월 오픈AI가 공개한 챗지피티는 전 세계 사람들에게 AI를 일상생활뿐만 아니라 대부분의 비즈니스에 활용해야 한다는 새로운 의식 변화

패러다임을 전달하고 있다. AI 폰, AI PC, AI 검색, AI 비서, AI 집사, AI 교사, AI 노동자, AI 화가, AI PD 등 다양한 AI 에이전트(agent)가 현실화함에 따라, 글로벌 산업 경제 패러다임을 바꿀 '게임 체인저'로 부상한 AI를 마주하게 된 것이다. 글로벌 저성장 탈피와 미래 먹거리 창출의 전략 도구 및 새로운 부가 가치 생태계로 AI 비즈니스와 서비스가 성장할 것이다. 따라서 인간처럼 인지 및 이해력을 갖고 대화하고, 인간처럼 활동하는 로봇과 인간을 지원하는 지능형 로봇과 다양한 디바이스를 만나는 '새로운 AI 시대(New AI Era)'로 진입하고 있다. 조만간 기계가 아닌 인간의 윤리와 공감 및 인지력을 갖는 인공지능과 AI 휴머노이드 등이 구현될 가능성이 높아지고 있다. 인간과 같이 보고 듣고 대화하는 인공지능이라면, 인간에게 인간 존중의 인권이 필요하듯이 인공지능도 인간의 인권과 같은 윤리가 필요하다. 인권에 대한 사상을 기본으로 인공지능 윤리의 기준과 가이드 등을 고려해야 한다.

둘째, AI 기술은 어떻게 개발하고 활용해야 하는가? 인공지능 기술이 급속히 발전하고, 인간 생활에 인공지능 활용이 자연스럽게 적용되고 있다. 인간같이 보고 듣고 대화하고, 행동하는 인공지능이 개발되고 있다. 이러한

AI 혁신을 통해 조만간에 만나게 될 범용 인공지능(AGI, Artificial General Intelligence)은 인간의 지능 수준에 도달해 다양한 작업을 이해하고 학습하며 추론 및 적용할 수 있는 인공지능을 의미한다. 좁은 범위의 특정 작업에 특화된 좁은 인공지능(ANI)과 달리, AGI는 인간의 지능과 유사한 범용 문제 해결 능력을 복제하는 것을 목표로 한다. AGI의 주요 특징으로는 범용성(Generalization), 자율성(Autonomy), 학습 능력(Learning), 추론 능력(Reasoning), 이해력(Understanding) 등이 있다.

뉴럴링크(Neuralink)는 테슬라 CEO 일론 머스크가 설립한 회사로, 인간 뇌와 컴퓨터를 연결하는 것을 목표로 하는 혁신적인 신경 기술을 개발하고 있다. 뉴럴링크가 진행하는 뇌 칩 이식은 전신 마비나 근 위축성 측삭 경화증(일명 루게릭병) 환자를 대상으로 한 것으로 뇌 신호만으로 컴퓨터를 조작할 수 있게 하는 것이다. 이미 2024년 1월 28일 첫 번째 인간 대상 실험을 진행했으며, 현재까지 정상적인 작동을 하는 것으로 발표됐다. 머스크는 첫 번째 실험 대상자인 놀런드 아르보(29)의 이식이 시행된 다음 날 그의 뇌가 텔레파시(뉴럴링크의 칩 이름)를 감지하고 있다고 설명했다. 그리고 한 달도 채 지나지 않아 그가 생각만으로 마우스를 움직였다고 발표했다. 아울러 칩과 뇌 사이의 정보 전달 효율성을 위해 삽입하는 실의 수는 128개로 지금(64개)의 두 배로 늘리기로 했다. 뉴럴링크의 양적인 목표는 실험 대상을 늘리는 것이지만, 기술적으로 풀어야 할 과제가 많이 있는 상황이다. 머스크는 현재 뉴럴링크를 통해 시각 장애인의 시력을 회복시키고, 사지 마비 환자의 근육 운동을 가능하게 할 수 있다고 장담하지만 아직 실현되지는 않았다. 뉴럴링크 개발로 머스크가 이루고자 하는 궁극적인 목표는 AI가 문명에 끼칠 위험을 완화하는 것이다. 그는 최근 라이브 스트리밍에서도 이를 강조했다. 머스크는 향후 AI 기술이 크게 발전하고 AI가 인간보다 똑똑해지는 순간이 오면 인간이 AI에 대한 통제력을 잃을 수 있다고 주장하고 있다. 그는 인간이 AI를 지배하기 위해선 인간의 지능이 AI 수준으로 높아져야 하고, 그를 위해서는 인간의 뇌가 컴퓨터에 연결돼야 한다고 주장한다. 사실 뇌와 컴퓨터를 연결해 생각만으로 사물을 움직일 수 있게 하는 기술을 뉴럴링크만 할 수 있는 것은 아니다. 이런 기술을 '뇌 · 컴퓨터 인터페이스(BCI)'라고 부르는데 이미 20년 전부터 뇌 과학 학계에선 활발한 연구가 진행되어 왔다. 실제 미국의 '블랙록 뉴로테크'는 2004년 인간 뇌에 컴퓨터 칩을 이식하는 실험에 처음 성공했고, 2012

년엔 뇌졸중으로 목 아래가 마비된 여성의 뇌에 100개의 전극을 가진 센서를 이식해 로봇 팔을 움직여 커피를 마실 수 있다는 것을 증명했다. 이후 반신마비 환자가 뇌로 조종하는 로봇 슈트를 입고 걸음을 걷게 하거나 마비 환자가 의수를 통해 촉각을 인식할 수 있도록 했다. 뉴럴링크가 무선 연결 방식 등 독보적인 기술을 개발하고 실제 실험을 통해 성과를 거두고 있지만, 여전히 위험 요소는 있다. 특히 2024년 8월 4일 로이터와 비즈니스 인사이더 등은 머스크 CEO가 컴퓨터 과학자 렉스 프리드먼의 팟캐스트에 출연, 두뇌-컴퓨터 인터페이스(BCI)에 대한 비전을 설명했다고 보도했다. 일론 머스크 CEO가 팟캐스트에 출연, 뉴럴링크의 두 번째 인간 시술이 잘 끝났다고 설명했다. 하지만 이날 더 관심을 끈 것은 두뇌 칩이 미래에 인공지능의 문제를 해결할 방법이라고 밝힌 점이다. 즉, BCI가 미래에는 AI 시스템과 통합, AI 안전을 책임질 유력한 방법이 될 것이라고 밝힌 내용이다. 뉴럴링크 기술이 미래에 인간과 AI 간의 '공생'을 촉진할 수 있는 기술이라고 설명했다. 또 뉴럴링크 칩이 'AI가 인간을 능가해 인간을 적으로 인식해서 공격하는 영화 〈터미네이터〉처럼 정상 궤도를 벗어나는 것을 막는 가장 좋은 방법이 될 수 있다'라고 강조했다. 보수적인 과학계에서는 머스크의 방식이 지나치게 전시적이고 주장만 앞선다는 비판도 있다. AGI 발전에 대한 다양한 의구심이 확대됨에 따라, AI 윤리의 필요성에 대한 심도 높은 논의가 필요하다. 한편 모건 스탠리의 보고서에 따르면, 두뇌-컴퓨터 인터페이스(BCI) 기술과 관련해 임상 시험을 마친 기기들이 5년 내 본격적으로 시장에 나올 것이라고 예측했다. 또 BCI 시장이 미국에서만 4000억 달러(약 570조 원) 규모로 성장할 것이라고 전망했다.

셋째, AI 기술 개발 및 기술 진보와 활용 과정에서 발생하는 윤리적 이슈와 문제는 구체적으로 무엇인가? 인공지능은 현대 사회에서 많은 혁신과 변화를 이끌어 내고 있지만, 동시에 여러 윤리적 문제와 이슈를 야기하고 있다. 주요 윤리적 이슈로 프라이버시와 데이터 보호, 데이터의 편향성과 차별성, 책임성과 투명성, 산업 구조 변화 및 직업 대체와 경제적 영향, 딥페이크와 보안 등이 주목받고 있다. 구체적으로 살펴 보면 ① 프라이버시와 데이터 보호다. AI 시스템은 대규모 데이터를 수집하고 분석하는데, 이는 개인의 프라이버시를 침해할 가능성이 있다. 예를 들어, 얼굴 인식 기술이 공공장소에서 사용될 경우, 개인의 동의 없이 그들의 움직임이 추적될 수 있다. ② 편향성과 차별성이다. AI 알고리즘이 학습하는 데이터가 편향되어 있으면, 그 결과도 편향될 수 있다. 이는 특정 그룹에 대한 차별을 초래할 수 있다. 예를 들어, 고용 시장의 채용 과정에서 AI가 특정 성별이나 인종을 차별하는 경우가 있다. ③ 책임성과 투명성이다. AI가 자율적으로 결정을 내릴 때, 그 결정에 대한 책임을 누구에게 물어야 하는지 명확하지 않다. 또한 AI의 의사결정 과정이 불투명할 경우, 그 결과를 이해하거나 설명하기 어렵다. ④ 산업 구조 변화 및 직업 대체와 경제적 영향이다. AI의 발전은 많은 직업을 대체할 가능성이 있으며, 이는 경제적 불평등을 심화할 수 있다. 특히, 반복적이고 단순한 업무를 수행하는 직업이 큰 영향을 받을 수 있다. ⑤ 딥페이크로 인한 사회적 이슈다. 딥페이크 기술은 사람의 얼굴이나 목소리를 인공지능으로 조작할 수 있게 해, 가짜 뉴스나 음란물 제작 등에 악용될 수 있다. 이는 개인의 명예 훼손과 사회적 혼란을 일으킬 수 있다.

참고문헌

SK쉴더스(2023). 2023.4Q KARA 랜섬웨어 동향 보고서. ≪KARA 랜섬웨어 동향 보고서≫.

김용환 · 임희정(2021). 『AI(인공지능) 시대의 데이터 경제학』. 청람출판사.

김용환 · 임희정(2021). 『빅데이터 분석: 코로노믹스(Coronomics) 사례』. 청람출판사.
김용환 · 임희정(2024). 『AI(인공지능) 경영론』. 청람출판사.
김용환 외(2023). 『포스트 휴먼과 융합』. 한울아카데미.
김용환(2022). 『연구윤리포럼』. 연구재단.
김용환(2023). 『연구부정 의심행위 조사 검증 매뉴얼』. 연구재단.
김용환(2024). 양자산업 트렌드와 시장분석. 혁신클러스터학회 추계학술대회.
김용환(2024). 『양자경제와 AI 산업혁신』. KIST.
임대준(2024.8.14). 구글, AI음성비서 '제미나이 라이브' 출시...GPT-4o '고급 음성 모드'에 대응. AI타임스. https://www.aitimes.com/news/articleView.html?idxno=162499
정보통신정책연구원(2022). 『2022 인공지능 윤리기준 실천을 위한 자율점검표(안)』.
정한영(2024.8.12). JP모건 체이스, 6만 명의 직원에게 제공된 'AI 비서' 업무 혁신 가속화... 금융원 '인공지능 시대' 앞당긴다. AI타임스. https://www.aitimes.kr/news/articleView.html?idxno=31935
조선일보와 한국경제 및 AI타임스 등 주요 언론 기사들 참조.
한국과학기술정보연구원(2024). 인공지능 윤리(AI Ethics): 인간과 인공지능의 조화로운 공존 방안. ≪KISTI Issue Brief≫, 68.
Google(2024.3.27). 2023 Ads Safety Report.
Hunkenschroer, Anna Lena & Kriebitz, Alexander(2022). Is AI recruiting (un)ethical? A human rights perspective on the use of AI for hiring. *AI and Ethics*, 3, pp.199-213. https://doi.org/10.1007/s43681-022-00166-4
Jones, Kate(2023). AI governance and human rights. *International*

Law Programme, January.
https://doi.org/10.55317/9781784135492

Kobak, D., et. al.(2024.7.4). Delving into ChatGPT usage in academic writing through excess vocabulary. arXiv. https://arxiv.org/abs/2406.07016

Kochkov, D., et al.(2024.7.22). Neural general circulation models for weather and climate. *Nature*. https://doi.org/10.1038/s41586-024-07744-y

Kurzweil, Ray(2024). *The singularity is nearer: When we merge with AI.* Penguin Books.

McKinsey(2023). AI ethics and ESG: A partnership for sustainable future.

McKinsey(2023.4). What is AI?.

Mckinsey(2024). Quantum technology monitor.

McKinsey(2024.4.2). What is generative AI?. https://www.mckinsey.com/featured-insights/mckinsey-explainers/what-is-generative-ai

McKinsey(2024.4.3). What is AI(artificial intelligence)?. https://www.mckinsey.com/featured-insights/mckinsey-explainers/what-is-ai

McKinsey(2024.8). What is digital transformation?.

Prabhakaran, Vinodkumar, et al.(2022). A human rights - Based approach to responsible AI.

Wong, Pak-Hang(2020). Cultural differences as excuses? Human rights and cultural values in global ethics and governance of AI. *Philosophy & Technology*, 33, pp.705-715. https://doi.org/10.1007/s13347-020-00413-8

01
인공지능 시대를 만나자

인간처럼 인지 및 이해력을 갖고 대화하고 인간처럼 활동하는 로봇, 인간을 지원하는 지능형 로봇과 다양한 디바이스 및 AI 에이전트를 만나는 '새로운 AI 시대(New AI Era)'로 진입하고 있다. 조만간 기계가 아닌 인간의 윤리와 공감 및 인지력을 갖는 인공지능과 AI 휴머노이드 등이 구현될 가능성이 높아지고 있다.

AI와 1인 창업?

인공지능을 만나기

인공지능에 대한 다양한 정의와 개념들은 그 범위와 접근 방식에 따라 다를 수 있다. AI의 고전적 정의는 앨런 튜링(Alan Turing)과 존 매카시(John McCarthy)의 설명에서 찾아볼 수 있다. 영국의 앨런 튜링은 그의 논문 "Computing Machinery and Intelligence"(1950)에서 "기계가 생각할 수 있는가?"라는 질문을 제기하며, 튜링 테스트를 제안했다. 이 테스트는 기계가 인간과 구별되지 않을 정도로 대화를 나눌 수 있다면 지능적이라고 간주하는 기준이었다. AI의 창시자인 존 매카시는 AI를 "지능적인 기계를 만드는 과학과 공학"으로 정의했다. 현대적 정의로는 스튜어트 러셀(Stuart J. Russell)과 피터 노빅(Peter Norvig)은 AI를 "지능적인 에이전트(AI Agent)를 연구하는 학문"으로 정의했다. 지능적인 에이전트란 주어진 환경에서 최선의 결정을 내리는 시스템을 의미한다. 스튜어트 러셀은 AI를 "인간과 같은 방식으로 문제를 해결하고 결정을 내릴 수 있는 시스템을 만드는 것"으로 정의한다. 그 외 니나 베거스(Nina Begus) 버클리 캘리포니아대학 AI 연구원은 『인공인문학(artificial humanities)』이라는 책을 통해 인공지능 기술을 만드는 책임은 기술자가 혼자서 감당하기에는 너무 크다고 주장한다. 인공 인문학은 과학과 예술을 융합해 AI의 선한 잠재력을 탐구하는 데 허구와 철학을 활용하는 것이라고 설명했다.

인간은 인격을 보호하기 위해 인권을 갖고 있지만, 인간같이 보고, 듣고, 대화하는 인공지능은 인간의 인권과 같은 AI 윤리 및 윤리 가이드가 필요하다는 점을 고려한 다양한 접근이 요구된다.

AI 윤리는 인공지능의 개발, 배포, 사용과 관련해 도덕적, 철학적, 사회적, 법적 문제를 다루는 분야다. 인공지능의 책임성(Accountability), 투명성(Transparency), 공정성(Fairness), 신뢰성(Reliability), 프라이버시(Privacy), 안전성(Safety), 자율성(Autonomy), 인간 중심 설계(Human-Centric Design), 윤리적 설계(Ethical Design), 법적 규제(Legal Regulation) 등을 고려해야 한다. 이와 같이 AI 윤리는 빠르게 발전하는 기술과 함께 변화하고 있으며, 이에 대한 논의는 기술적 발전, 사회적 가치, 법적 기준 및 AI 불평등 등 여러 요소를 포함하고 있다.

인공지능 윤리의 정의와 개념 및 이슈

AI 윤리에 대한 다양한 정의와 개념 및 이슈는 다음과 같다. 첫째, AI 시스템의 행동에 대한 책임이 누구에게 있는지 명확히 한다. 예를 들어, 자율 주행 차가 사고를 일으켰을 때, 제조사, 소프트웨어 개발자, 혹은 차량 소유자 중 누가 책임을 져야 하는가를 명확히 해야 한다. 둘째, AI 시스템이 어떻게 결정을 내리는지, 어떤 데이터를 사용하는지, 그 과정이 어떤지에 대해 명확히 공개한다. 이는 사용자들이 AI의 작동 원리를 이해하고 신뢰할 수 있게 하기 위함이다. 셋째, AI 시스템이 편견 없이 작동하도록 보장한다. 인종, 성별, 연령, 세대, 지역, 국가, 종교 등에 따른 차별을 방지하고, 데이터 수집 과정에서의 편향을 최소화하는 것을 포함해야 한다. 넷째, AI 시스템이 개인의 사생활을 침해하지 않도록 해야 한다. 데이터를 수집하고 사용하는 과정에서 개인 정보를 보호하는 것을 의미한다. 다섯째, AI 시스템이 물리적, 정신적, 재정적 위험 및 AI 불평등 등을 초래하지 않도록 보장해야 한다. AI의 오작동이나 악용으로 인한 피해를 방지하기 위한 것이다. 여섯째, AI 시스템이 일관되게 예상한 대로 작동하는지 확인할 수 있어야 한다. 인공지능 시스템의 안정성과 예측 가능성을 보장하는 것을 의미한다. 일곱째, AI 시스템이 인간의 자율성을 존중하도록 보장해야 한다. 인간이 AI의 결정을 따르도록 강제하지 않고, 중요한 결정은 항상 인간이 내릴 수 있도록 하는 것을 포함해야 한다.

이러한 개념들을 체계적으로 분석 · 평가해서, AI 시스템이 인간의 필요와 복지를 최우선으로 하도록 설계(Human-Centric Design)되어야 한다. 사용자 경험을 개선하고, AI가 인간의 삶을 더 나은 방향으로 변화시키도록 하는 것을 인공지능 개발 목표로 삼아야 한다. 또한 AI 시스템이 인간의 인권과 같이 처음부터 윤리적 원칙에 따라 설계되고 개발되어야 한다. AI 개발 과정에서 윤리적 문제를 사전에 고려하고 해결하는 것을 의미한다. 아울러 AI 기술과 관련한 법적 틀을 마련해야 한다. AI의 개발 및 사용이 법적 기준을 준수하도록 하고, 법적 책임을 명확히 하는 것을 포함한다. 한편 과학기술정책연구원의 『인공지능 기술 전망과 혁신정책 방향』에서는 인공지능 윤리를 "인공지능 관련 이해관계자들이 준수해야 할 보편적 사회 규범 및 관련 기술"로 정의하고 있다.

인간을 위협하는 인공지능의 등장은 더 이상 영화 속 상상이 아니라 현실에서 벌어지고 있는 일이다. 탐사 보도 전문 매체 프로퍼블리카(ProPublica)는 범죄 전과자의 얼굴 이미지를 기반으로 재범률을 예측하는 인공지능 알고리즘을 테스트했다. 결과적으로 인공지능은 흑인의 재범률을 백인에 비해 실제보다 훨씬 더 높게 추론

했다. 데이터의 편향성이 존재하는 상황에서 인공지능이 판사를 대체할 경우, 인간은 기계에 의해 인종 차별을 당할 수 있는 것이다.

미국 스탠퍼드대학이 2017년 발표한 연구도 주목할 만하다. 인공지능에 온라인 데이트 사이트에 공개된 남녀 프로필 사진으로 성적 지향성을 추론하게 한 결과, 인공지능은 사람보다 더 정확한 판단을 내렸다. 성소수자가 감당해야 하는 사회적 불이익을 감안하면, 인공지능이 내놓은 값의 신뢰성을 따지기 전에 이러한 연구 자체도 비윤리적일 수 있다. 인공지능의 학습 알고리즘은 방대한 데이터를 기초로 하는 일종의 통계적 추론이다. 여성, 장애인, 유색 인종 등 소수 집단의 데이터는 수집이 어렵기 때문에, 알고리즘이 학습하는 데이터에도 편향성이 생길 수 있다. 기업 인사팀이 수많은 구직자들의 이력서를 1차적으로 필터링하기 위해 인공지능을 도입한다면, 구직자들은 인공지능에 의한 차별을 당하게 되는 것이다. 특히 생성형 AI 모델인 챗지피티가 부상하면서 생성형 AI 학습에서 발생하는 데이터의 편향성과 생성된 데이터의 지식 재산권 등 다양한 이슈 발생으로 인공지능 윤리에 대한 논의가 급격히 부상하고 있다.

한편 2023년 9월 영국 ≪파이낸셜타임스(FT)≫의 인터뷰에서 이세돌을 이긴 바둑 인공지능 '알파고'를 개발한 구글 딥마인드의 창업자 무스타파 슐레이먼(Mustafa Suleyman)은 "미국은 엔비디아(NVIDIA)의 반도체를 구매하는 소비자에게 최소한 자발적인 'AI 윤리' 약속에 서명하는 것을 의무화해야 한다"고 주장했다. "이는 AI 윤리를 제도화 및 체계화하는 데 믿기지 않을 정도로 실용적인 방법이 될 것"이라고 설명했다. 슐레이먼은 "AI 윤리 표준을 따르겠다고 서명한 기업에게만 엔비디아의 AI 반도체를 판매해야 한다"고 주장했다. 글로벌 고급 AI 학습에 절대적인 영향력을 갖춘 엔비디아의 반도체 수출을 통제하는 방법으로 안전하고 윤리적인 AI 발전을 이룰 수 있다는 것이다.

참고문헌

과학기술정책연구원(2018). 『인공지술 전망과 혁신정책 방향 - 국가 인공지능 R&D 정책 개선방안을 중심으로』.

김용환 · 임희정(2021). 『AI(인공지능) 시대의 데이터 경제학』. 청람출판사.

김용환 · 임희정(2021). 『빅데이터 분석: 코로노믹스(Coronomics) 사례』. 청람출판사.

김용환 · 임희정(2024). 『AI(인공지능) 경영론』. 청람출판사.

김용환 외(2023). 『포스트 휴먼과 융합』. 한울아카데미.

김용환(2022). 『연구윤리포럼』. 연구재단.

김용환(2023). 『연구부정 의심행위 조사 검증 매뉴얼』. 연구재단.

김용환(2024). 양자산업 트렌드와 시장분석. 혁신클러스터학회 추계학술대회.

김용환(2024). 『양자경제와 AI 산업혁신』. KIST.

소프트웨어정책연구소(SPRi)(2023.11). SPRi AI Brief.

연구윤리정보센터(2020). 『'인공지능(AI) 윤리 가이드라인'의 중요성과 국가별 대응 현황』.

임대준(2024.5.20). '인공인문학' 필요 대두..."AI 디스토피아는 SF 영향 탓". AI타임스. https://www.aitimes.com/news/articleView.html?idxno=159787

조선일보와 한국경제 및 AI타임스 등 주요 언론 기사들 참조.

Begus, Nina(2024). *Artificial humanities: A fictional perspective on language in AI*. University of Michigan Press(an advance contract).

Criddle, Cristina & Olcott, Eleanor(2024.3.18). Chinese and western scientists identify 'red lines' on AI risks. Financial Times, https://www.ft.com/content/375f4e2d-1f72-49c8-b212-0ab2a173b8cb

Stanford University(2024). AI Index Report 2024, Human-centered artificial intelligence.

Turing, Alan(1950). Computing machinery and intelligence. *Mind*, 49, pp.433-460.

02
인공지능과 인권

인간과 같이 보고 듣고 대화하는 인공지능이라면, 인간에게 인간 존중의 인권이 필요하듯이 인공지능도 인간의 인권과 같은 윤리가 필요하다. 인간 존중과 보호에 대한 사상에서 인공지능 윤리의 기준과 가이드 등을 고려해야 한다.

AI와 MBTI?

인공지능 시대의 인권 보호

인공지능 시대의 인간의 인권은 어떻게 보호되어야 하는가? 인공지능 불평등 및 인공지능의 미래에 대해 많은 논의가 진행되고 있다.

1920년 체코의 작가 카렐 차페크(Karel Capek)가 쓴 SF 희곡 〈R. U. R(Rossum's Universal Robots)〉은 유토피아적인 희곡으로서, 로봇을 등장시켜 로봇이란 말을 최초로 세상에 알려 준 것으로 유명하다. 여기서 로봇은 현대 기술 문명의 비인간화 위협을 상징한 것으로, 현재 인공지능 기술, 즉 지능형 로봇을 의미할 수 있다. 희곡 〈R. U. R〉에서 로봇은 권력을 잡고 인간을 말살한다. 그러나 로봇은 생식이 불가능했는데, 기적이 일어나서 두 로봇이 사랑을 하게 된다는 콘텐츠로, 기계 문명의 위협 속에서도 인간은 살아남을 것이라는 낙관적 결론을 내리고 있다. 100년 전에 지능형 로봇의 위협, 인공지능 기술 보유의 위험성을 문학 작품에서 설명했다.

또한 바이든 행정부 출범 후 백악관에서 첨단 기술 관련 안보 정책을 이끌었던 제이슨 매서니 미 랜드 연구소 회장 겸 최고 경영자(CEO)는 미국 첨단 기술 관련 정책 분야의 전문가다. 2024년 5월 23일 아시안 리더십 콘퍼런스(ALC)의 인터뷰에 따르면, 독재자들이 인공지능에 기반한 자동 감시 시스템을 통해 개개인을 영원히 감시할 수 있게 될 것으로 전망했다. 1949년 출판된 디스토피아 소설인 조지 오웰의 『1984』는 AI를 통해서만 가능하다고 설명했다. AI를 이용한 '유비쿼터스(ubiquitous · 언제 어디서나) 감시'는 매우 위험한 기술이기 때문에 독재자들이 이 기술을 선도하지 않도록 민주주의 국가들이 힘을 합쳐야만 한다고 주장했다.

인공지능 시대의 인권 보호 이슈들

미국 루이빌 대학 사이버 보안 연구소 소장 로만 얌폴스키(Roman Yampolskiy) 교수는 생체 인식, 사이버 보안, AI 안전 등을 연구한 컴퓨터 과학자다. 로만 얌폴스키 교수가 100년 안에 AI가 인류를 파괴할 확률을 99.9%로 전망했다고 IT 매체 비즈니스인사이더가 2024년 6월 보도했다. 그는 2024년 5월 유명 컴퓨터 과학자 렉스 프리드먼(Lex Fridman)의 팟캐스트에 출연해 AI에 대한 자신의 의견을 밝혔다. AI가 인류를 멸망시킬 가능성은 인간이 향후 100년 동안 버그(bug) 없이 매우 복잡한 소프트웨어를 만들 수 있는지에 달려 있다고 설명했다. 하지만 버그가 없는, 즉 개발자가 의도하지 않은 일을 수행하지 못하도록 완벽한 거대 언어 모델(LLM)을 만드는 것은 사실상 불가능에 가깝다. 이 때문에 인간이 AI로부터 사고를 피할 가능성이 거의 없다는 게 그의 주장이다.

얌폴스키 교수는 또 범용 인공 지능(AGI)이 등장하면 문제는 더욱 심각해질 수 있다고 전망했다. 인간보다 더 똑똑한 시스템이 무엇을 어떻게 할 것인지 예측할 수 없기 때문이라는 게 이유다. AGI는 인간 수준의 사고가 가능해 주제에 구애받지 않고 성공적으로 문제를 해결할 수 있는 AI를 말한다. 그렇기에 인류가 아직 세상에 존재하는지조차 모르고 있는 어떤 것들을 AGI가 찾아내 나쁜 방향으로 쓸 수 있다는 게 그의 설명이다.

얌폴스키 교수는 AI의 이런 능력에 따라 인류의 멸종 운명은 세 가지 가능성으로 압축할 수 있다고 주장한다. AI가 인간을 모두 죽이는 상황, AI로 인해 모두가 고통을 받아 차라리 죽기를 바라는 상황, 모든 인간이 목적을 완전히 상실하는 상황 등이다. 이 가운데 마지막으로 지적한 '목적 상실'은 많은 전문가들도 제기한 내용이다. AI가 인간의 창의성을 대신하고 일자리를 빼앗아 더 이상 인간의 존재 가치가 없어질 것임을 의미한다.

얌폴스키 교수가 AI를 제어하기 위해 내놓은 방법은 영구적인 안전장치를 개발하는 것이다. 전 구글 CEO 에릭 슈미트(Eric Schmidt) 또한 비슷한 의견을 밝혔다. 그는 만약 AI가 자유 의지를 가진 것이 확인된다면 해결책은 '우리가 코드를 뽑는 것' 하나뿐이라고 전했다.

2024년 노벨 물리학상 수상자로 'AI 대부'라 불리는 제프리 힌턴(Geoffrey Hinton) 캐나다 토론토대학 명예 교수도 AI의 위험성을 경고했다. 2024년 3월 일본 ≪니혼게이자이신문≫과 인터뷰에서 그는 "러시아 · 우크라이나 전쟁에서 자율 가동 기능을 탑재한 살상용 드론이 사용되는 걸 봤을 때, 10년 이내에 자율적으로 인간을 죽이는 로봇 병기가 등장할 것"이라고 예측했다. 또 AI가 인류를 위협할 것으로 보는 이유에 대해 "AI에게 목표를 주면 인간에게 해가 되는 방법을 해결책으로 찾아낼지도 모르기 때문이다"라고 말했다. 예를 들어 AI에게 기후변화를 막도록 지시하면 이 목적을 달성하기 위해 인간을 배제하는 게 필요하다고 생각하고서 실행에 옮길 위험성이 크다는 것이다.

2024년 미국의 인공지능 연구소 오픈AI와 구글 전 · 현직 직원 13명도 AI의 급속한 발전에 우려를 표하는 성명을 발표했다. 이들은 '최첨단 AI에 대한 경고 권리'라는 이름의 성명에서 "AI가 인류에 전례 없는 혜택을 제공할 수 있는 잠재력을 갖고 있지만, 동시에 AI 기술로 야기되는 심각한 위험을 우리는 알고 있다"며, "이런 위험은 사회 불평등을 심화하는 것부터 조작 · 가짜 뉴스 등을 통한 사회 전복, 나아가 인류의 멸종을 초래하는 자율적인 AI 시스템의 통제 상실로까지 이어질 것"이라고 지적했다. 또 "세계 여러 국가의 정부와 AI 전문가들, 오픈AI · 구글 · 앤트로픽 같은 AI 기업들도 자체적으로 이를 인정했다"고 밝혔다. 하지만 "AI 글로벌 빅 테크들이 AI의 위험성을 인지하고 있음에도 불구하고 이윤 추구 목표 때문에 적절한 조치나 제대로 된 감독을 하지 않고, 그 위험성을 원활하게 공유하지도 않는다"고 주장했다.

공동 성명에 따르면 AI 기업들은 AI 기술로 인해 발생하는 다양한 종류의 위험성에 대해 상당한 비공개 정보를 보유하고 있다. 하지만 이런 정보 중 일부를 정부 또는 사회와 자발적으로 공유할 생각이 아예 없다. 따라서 기업 내부 규제 시스템에 기대는 것만으로는 부족하다. 결국 정부 규제만이 해결책이라는 게 구글 전 · 현직 직원 13명의 설명이다. 이들은 또 AI의 위험성에 대해 AI 기업 직원들이 목소리를 낼 수 있도록 내부 고발자에 대한 보호 조치를 마련해야 한다고 피력했다. AI의 위험과 관련한 비판을 막는 계약 금지, 회사와 관계없는 독립 기관에 AI의 위험 관련 우려 사항을 제기할 수 있는 익명 절차 마련, 내부 고발자에 대한 보복 금지 등이 그것이다.

2024년 4월 미국 CNBC 등에 따르면, '투자의 귀재' '오마하의 현인'으로 불리는 워런 버핏(Warren Buffet, 1930년생) 버크셔 해서웨이 회장 겸 최고 경영자(CEO)가 인공지능 기술의 등장을 핵무기 개발에 비유하며 경고음을 보냈다.

2024년 2월 미국 CNBC에 따르면, 인공지능 기술이 날로 발전하는 가운데 글로벌 정계 · 산업계 인사들이 세계 지도자들에게 AI를 포함해 인류를 위협할 수 있는 문제에 대한 해결책을 촉구하고 나섰다. 영국 버진 그룹의 창업자인 리처드 브랜슨(Richard Branson), 반기문 전 유엔 사무총장, 원자폭탄을 개발한 물리학자 로버트 오펜하이머(Robert Oppenheimer)의 손자인 찰스 오펜하이머(Charles Oppenheimer) 등은 점점 커지는 기후 위기, 전염병, 핵무기와 통제되지 않는 AI에 맞서는 행동을 촉구하는 공개서한에 서명했다. 이런 위협의 영향은 이미 나타나고 있고, 이에 대처하기 위한 글로벌 거버넌스 구축 등 긴급한 다자간 조치가 필요하다고 했다. 이 서한은 전 남아프리카공화국의 대통령인 넬슨 만델라와 리처드 브랜슨이 글로벌 인권 문제를 다루기 위해 설립한 비정부 기구 '더 엘더스(The Elders)'에 의해 공개됐다.

2024년 3월 ≪파이낸셜타임스(FT)≫에 따르면, 미국과 영국, 중국 등의 대표적인 인공지능 석학들이 AI 기술과 관련한 위험을 해결하기 위해 냉전 시대 핵전쟁을 막기 위한 노력과 유사한 글로벌 협력이 필요하다고 경고했다. 세계의 AI 전문가들이 중국 베이징에서 만나 바이오 무기 제조 및 사이버 공격을 포함한 AI 개발에 대한 '레드라인'을 확인했다고 보도했다. 이 자리에는 2024년 노벨 물리학상 수상자이자 AI 대부로 불리는 제프리 힌턴, 요슈아 벤지오, 스튜어트 러셀, 앤드루 야오 등 AI 석학들이 참석했다. 이번 모임에서는 인간과 동등하거나 우수한 AI인 범용 인공 지능(AGI, Artificial General Intelligence) 개발에 관한 위협에 대해서도 논의했다. 이번 성명은 기술 패권 경쟁을 벌이고 있는 미국과 중국을 포함해 각국 정부와 빅 테크들이 AI 안전과 개인 정보 보호에 서로 협력해야 한다는 움직임에서 비롯했다. 2023년 11월 조 바이든 미국 대통령과 시진핑 중국 국가주석이 만나 AI 안전과 개인 정보 보호에 대해 논의하고 이에 관한 대화를 이어 가기로 합의한 바 있다.

2024년 4월 29~30일에 오스트리아 빈에서 열린 '자율 무기 시스템 콘퍼런스(Conference on Autonomous

Weapons Systems)'에 세계 140여 개국에서 인공지능, 로봇 전문가, 방위 산업 기업 및 군 관계자들이 참석했다. 이들은 AI와 군사 기술의 결합을 두고 격론을 벌였으며, 'AI 킬러 로봇'을 막을 장치가 반드시 필요하다는 데 의견을 모았다. 회의를 주재한 알렉산더 샬렌베르크 오스트리아 외무 장관은 "인류는 두 번째 '오펜하이머 모먼트(Oppenheimer Moment)'를 맞고 있다"고 설명했다. AI의 통제 장치를 제대 마련하지 않을 경우 킬러 로봇이 핵무기처럼 인간을 대량 학살할 수 있다는 의미다. 현실적으로 세계는 'AI 킬러 로봇 시대'로 이미 진입했다. 우크라이나 · 러시아 전쟁에서 인명을 살상하고 있는 드론이 시작점이다. 이스라엘은 병사와 AI 로봇으로 구성된 혼성 전투 부대를 편성했다. 가장 진보한 AI 학습 모델인 차세대 통신(NEXT G) 기반 대규모 행동 모델(LBM)이 보편화하면 스스로 행동하는 킬러 로봇을 막을 수 없을 것이라는 분석이 나온다. 명령을 받는 수동적 존재에서 벗어나 독자적으로 판단하고 피아 구분, 작전 수립 및 추적, 암살 대상 식별, 나아가 인간 고문까지 자행하는 킬러 로봇이 출현할 것이라는 전망이다.

스탠퍼드대학의 『AI Index Report 2024』에 따르면, 2016년부터 2023년 사이에 33개국이 AI 관련 법률을 하나 이상 통과시켰으며, 대부분의 조치는 미국과 유럽에서 진행되었다. 해당 기간 동안 총 148개의 AI 관련 법령이 통과되었다. 2023년 7월 유엔 안전 보장 이사회(안보리)가 처음으로 AI 관련 회의를 열고 AI의 위험과 대응책에 대해 논의했다. 영국 등 서방 국가들은 AI를 규제하기 위한 국제적 협의체의 신설이 필요하다고 했지만, 안보리 상임 이사국인 러시아 · 중국이 반대하면서 의견은 엇갈렸다. 유엔은 이번 회의를 시작으로 AI 협의체 신설에 대한 논의를 이어 갈 예정이다. 또한 2023년 12월 세계 150여 개국은 '무기 체계의 AI화' 등 새로운 군사 기술이 심각한 도전과 우려를 야기한다는 내용의 유엔 결의안을 지지했다.

2024년 노벨 경제학상을 받은 다론 아제모을루 미국 MIT 교수는 AI가 빅 테크 등 소수 권력에 집중돼 세계적 불평등을 확대할 것이라고 경고했다.

한편 다양한 인권 사상의 역사성을 보유한 EU는 윤리적이며 안전한 AI 가이드라인을 선도하고 있다. EU는 2023년 6월 유럽 의회(European Parliament)에서 전 세계 최초의 AI 법안(Artificial Intelligence Act)을 가결해, AI 법안 제정을 위한 최종 단계를 진행했다. 2024년 3월 13일 유럽 의회 본 회의에서 세계 첫 'AI 규제법'의 최종

안이 승인되었고, 2024년 8월 세계 최초 'AI 규제법'이 시행되고 있다. 민간과 정부를 포괄하는 AI 기술 규제법을 제시한 것은 유럽 연합(EU)이 처음이다. 그럼에도 유럽의 AI 규제법은 AI의 군사적 활용을 제외한 상황이다. 미국, 중국, 러시아, 영국, 이스라엘 등 주요 무기 공급국 간 군비 경쟁이 심화하면서, 군사 AI 규제에 미온적인 상황이다.

참고문헌

과학기술정책연구원(2018). 『인공지술 전망과 혁신정책 방향 – 국가 인공지능 R&D 정책 개선방안을 중심으로』.

김용환 · 임희정(2021). 『AI(인공지능) 시대의 데이터 경제학』. 청람출판사.

김용환 · 임희정(2021). 『빅데이터 분석: 코로노믹스(Coronomics) 사례』. 청람출판사.

김용환 · 임희정(2024). 『AI(인공지능) 경영론』. 청람출판사.

김용환 외(2023). 『포스트 휴먼과 융합』. 한울아카데미.

김용환(2022). 『연구윤리포럼』. 연구재단.

김용환(2023). 『연구부정 의심행위 조사 검증 매뉴얼』. 연구재단.

김용환(2024). 양자산업 트렌드와 시장분석. 혁신클러스터학회 추계학술대회.

김용환(2024). 『양자경제와 AI 산업혁신』. KIST.

소프트웨어정책연구소(SPRi)(2023.11). SPRi AI Brief.

연구윤리정보센터(2020). 『'인공지능(AI) 윤리 가이드라인'의 중요성과 국가별 대응 현황』.

임대준(2024.5.20). '인공인문학' 필요 대두…"AI 디스토피아는 SF 영향 탓". AI타임스.
https://www.aitimes.com/news/articleView.html?idxno=159787

조선일보와 한국경제 및 AI타임스 등 주요 언론 기사들 참조.

Begus, Nina(2024). *Artificial humanities: A fictional perspective on language in AI.* University of Michigan Press(an advance contract).

Criddle, Cristina & Olcott, Eleanor(2024.3.18). Chinese and western scientists identify 'red lines' on AI risks. Financial Times,
https://www.ft.com/content/375f4e2d-1f72-49c8-b212-0ab2a173b8cb

Stanford University(2024). AI Index Report 2024, Human-centered artificial intelligence.

Turing, Alan(1950). Computing machinery and intelligence. *Mind*, 49, pp.433-460.

03
인공지능 기술의 주요 특징과 기술 진보

인공지능의 다양한 개념과 인공지능의 3대 구성 요소인 컴퓨터 역량(하드웨어와 컴퓨터 비전 등), 빅 데이터, 알고리즘을 설명한다. 또한 AI 혁신을 통해 조만간 만나게 될 인간같이 대화하고 추론이 가능한 범용 인공지능(AGI)을 전망한다.

AI와 난임 극복?

인공지능의 개념들

영국의 컴퓨터 과학자이자 수학자인 앨런 튜링과 같은 1950년대 과학자와 엔지니어들은 기계가 인간보다 더 빠르게 기능을 수행할 수 있는 미래를 상상했다. 그들은 인간처럼 사고하고 판단하는 지능형 기계에 대한 연구에 집중하고 있었다. 인공지능은 지각, 추론, 학습, 환경과의 상호 작용, 문제 해결, 심지어 창의성 발휘와 같이 인간의 마음과 관련한 인지 기능을 수행하는 기계의 능력이다. 아이폰의 시리 및 아마존의 알렉사(Alexa)와 같은 음성 비서는 인공지능 기술을 기반으로 하며, 웹사이트를 탐색하는 데 도움이 되는 일부 고객 서비스 챗봇도 마찬가지다. 2016년 구글의 자회사 딥마인드사가 개발한 바둑 AI 알파고가 이세돌 9단을 이기면서, 과학자가 아닌 일반인에게 AI가 더욱 가깝게 다가옴에 따라 점차 일상생활에 지능형 컴퓨터인 인공지능이 다양하게 활용되고 있다. 특히 2024년 노벨 물리학상과 화학상 수상자는 AI 시대의 선구자들이었다. 노벨 물리학상은 신경망 모형을 만든 존 홉필드 프린스턴대학 교수와 '딥 러닝'을 창시한 제프리 힌턴 토론토대학 교수가 수상했다. 노벨 화학상 공동 수상자인 데이비드 베이커 교수는 단백질 설계 분야의 선구자로 새로운 단백질을 만들 수 있는 AI

인 '로제타폴드'를 개발했고, 데미스 허사비스 CEO와 존 점퍼 박사는 또 다른 단백질 구조 예측 · 설계 AI '알파폴드'를 개발했다.

글로벌 시장 분석 기업인 마켓 리서치 퓨처(Market Research Future, MRF)는 2022년 대화형 AI 시장 연구 보고서를 통해 최근 큰 인기를 얻고 있는 AI 챗봇 시장이 2030년 325억 달러(약 42조 4515억 원)에 달할 것이라고 예측했다. 특히 2022년 오픈AI가 공개한 생성형 AI 모델인 챗지피티의 다양한 기능과 활용에 많은 사람들이 주목하고 있다. 마이크로소프트(MS)의 『2023 워크 트렌드 보고서』에 따르면, 직장인 상당수가 인공지능의 등장으로 일자리를 잃을까 걱정하지만, 한편으로는 AI 덕분에 업무량을 많이 줄일 수 있다는 조사 결과를 발표했다. 챗지피티와 같은 대화형 인공지능의 글로벌 시장 규모가 2030년까지 연평균 22.6%의 성장률을 기록할 것이라는 전망이 있다.

'AI 메기 효과(catfish effect)'가 글로벌 산업 경제를 혁신하는 것이 가능할까? AI가 4차 산업 혁명의 발전 패러다임인 디지털 경제를 혁신하는 새로운 '게임 체인저'로 진화할까? 구체적인 혁신 프로세스인 디지털 트랜스포메이션(Digital Transformation, DX)과 인공지능 전환

(AI Transformation, AX)이 중심인 비즈니스 혁신 패러다임으로 발전하고 있는가? 등의 다양한 논의가 진행되고 있다. 디지털 트랜스포메이션은 디지털 기술을 활용해 기존의 비즈니스 모델을 혁신하고, 운영 효율성을 높이며, 고객 경험을 개선하는 과정이다. 디지털 경제의 핵심은 디지털 전환이다. 특히 디지털 혁신 가속화에 따라, 디지털 경제의 성장 엔진으로 인공지능이 주목받고 있다. 기존 산업계 전반을 관통했던 DX의 개념은 구산업이 5G와 클라우드 등 기반의 ICT 인프라를 통해 자동화에 가까워지는 것으로 볼 수 있으며, 인공지능 전환은 인공지능 기술을 활용해 기업의 비즈니스 프로세스, 제품, 서비스를 전환하고 새로운 가치를 창출하는 과정이다. DX의 경우 몇 개의 ICT 키워드가 기계화 및 자동화를 통해 산업 생산성을 키웠다고 볼 수 있고, 인공지능 전환은 AI라는 하나의 키워드만으로 단순 자동화가 아닌 유기적인 프로세스를 완성해 산업 생산성을 극대화한다고 설명할 수 있다. 글로벌 산업 생태계를 변화 · 발전시키는 '게임 체인저'로 AI가 부상하는 것이다. 따라서 인공지능 전환은 단순히 AI 기술을 도입하는 것이 아니라, 기업 전체의 조직, 문화, 전략에 AI를 통합해 혁신을 이루는 것을 목표로 한다.

현실적으로 AI 기업에 대한 투자 대비 경영 성과는 저조한 상황이다. 2022년 이후 벤처 투자를 이끌어 온 분야는 AI였다. 모건 스탠리 2024년 보고서에 따르면, AI 관련 기업이 전체 신규 유니콘(기업 가치 10억 달러 이상 스타트업)에서 차지하는 비율은 2022년 25%, 2023년 38%, 2024년 45%로 늘었다. 유니콘 둘 중 한 곳은 AI 스타트업인 수치다. 다만 잠재력을 인정받아 창업 직후 투자를 받은 생성형 AI 스타트업 중 시리즈 A 유치에 성공하는 비율은 2022년 37%에서 2024년 12%까지 떨어졌다. 그만큼 사업에 뛰어드는 스타트업은 많아졌지만 차별화한 모델을 만들어 내기 어려워졌다는 것이다. ≪뉴욕타임스≫는 개발 비용이 수억 달러에 달했던 아이폰과 달리 AI 모델은 개발과 운영에 수십억 달러가 들어간다고 분석한 내용을 보도했다. 생성형 AI 시장에서 기술력을 인정받아 1억100만 달러가량을 투자받은 스태빌리티AI는 수익 창출에 실패하면서 1억 달러 이상의 경영 수지 채무가 발생했다.

인공지능 관련 기업들의 주가가 일제히 하락하며 'AI 거품론(AI Bubble)'이 제기되는 가운데 업계에 'AI 워싱(AI washing)' 주의보가 내렸다. 'AI 워싱'은 AI와 관련이 적거나 없는데도 마케팅을 위해 AI 기술을 활용한다고 포장하는 '무늬만 AI' 기업을 의미한다. 기술력 없이 AI 대세론에 편승한 마케팅이 오히려 AI 산업을 저해하는 요인이 되고 있다는 평가가 나오고 있다. 2024년 4월 ≪워싱턴포스트(WP)≫는 AI를 탑재했다고 홍보하고 있는 오럴비의 칫솔을 이런 사례로 지목했다. 이 칫솔은 AI가 치아 위치와 밝기 등을 파악해 이가 잘 닦였는지 알아낼 수 있다고 광고하지만, ≪WP≫는 '오럴비 칫솔에 AI 기능이 정확히 어떻게 적용되는지 물었지만 회사는 대답하지 못했다'고 보도했다. 코카콜라가 2023년 공개한 '인간과 AI가 함께 만든 최초의 한정판 맛'이라는 Y3000도 같은 사례로 거론된다. 이 제품에 AI가 어떤 기여를 했는지 불분명하다는 것이다. ≪포브스≫는 '제품이 더 혁신적으로 보이도록 AI를 언급하는 것'이라고 지적했다. 즉, 간단한 데이터 분석 도구를 활용했는데도 AI 기반 예측 모델을 도입했다고 광고하거나, 일반적 알고리즘을 써 놓고도 AI의 딥러닝(AI가 인간 뇌처럼 스스로 학습)을 활용했다고 홍보하는 경우가 있다는 것이다.

2024년 8월에 발생한 '검은 금요일'의 주가 하락은 빅테크들의 실적 하락이 주요 요인으로 작용했다. 미국 증시를 견인해 온 매그니피슨트 세븐(Magnificent 7: 엔비디아 · 애플 · 마이크로소프트 · 메타 · 아마존 · 알파벳 · 테슬라)에 속한 여섯 개 기업(메타 제외)의 2024년 2분기 실적에 따르면, 전년 동기 대비 수익 성장률이 둔화한 것이 공통점이었다. 2023년 3분기부터 매 분기 수익 성장률이 50%가 넘었지만 2024년 2분기에는 29.9%로 떨어졌다.

빅 테크 수익 성장률의 발목을 잡은 것은 천문학적 인공지능 투자였다. 골드만삭스의 수석 애널리스트 짐 코벨로는 2024년 7월 발표한 AI 관련 보고서에서 엄청난 투자에도 AI는 필요한 곳에 다다르지 못하고 있다고 분석 평가했다. 즉, 세상에 쓸모가 없거나 준비되지 않은 것을 과도하게 구축하는 것은 나쁜 결과를 낳는다는 부정적 의견을 제시했다. 2023년에 골드만삭스의 애널리스트들이 'AI가 전 세계 일자리 3억 개를 자동화하고 향후 10년 동안 세계 경제 생산량을 7% 증가시킬 수 있다'고 전망한 보고서와 정반대 내용이다. 이런 상황에서 ≪월스트리트저널≫은 대형 기술주 일곱 개 종목을 일컫는 M7이 위대하다는 의미의 '매그니피슨트 세븐'에서 비참함을 뜻하는 '미저러블 세븐(Miserable 7)'으로 전락했다고 보도했다. 즉, DX와 AX를 선도하는 빅 테크 기업조차도 AI 기반 비즈니스 모델을 아직 구축하지 못했다는 평가다. 그럼에도 글로벌 시장에서 게임 체인저가 되려면, 또한 글로벌 경쟁 우위를 달성하려면, AI 기반 비즈니스 모델을 구축해 운영해야 한다는 것이다.

인간처럼 생각하고 판단해 대화할 수 있는 기계가 가능한 것인가? 일반적으로 인공지능은 학습, 문제 해결, 패턴 인식 등과 같이 주로 인간 지능과 연결된 인지 문제를 해결하는 컴퓨터 프로그램이나 이를 포함한 컴퓨터 시스템을 의미한다. 인공지능 기술을 이용해 고도화한 기능을 지닌 제품과 서비스를 구현하고, 이를 통해 새로운 가치(value)를 창출해 사용자 경험(User Experience, UX)을 향상하는 과정이다. 인공지능은 인간처럼 생각하는 기계이며, 컴퓨터와 기계가 인간 두뇌의 기능을 모방하는 능력이다. 따라서 일반적으로 인공지능은 과거 경험으로부터 학습하고, 추론하고, 의미를 발견하고, 일반화하는 능력과 같은 인간 지능의 능력을 갖춘 시스템을 개발하는 과정을 함축한다. 즉, 현실에 적용되는 인공지능은 비즈니스 세계에 커다란 영향을 미친다. 인공지능을 사용함으로써 기업은 비즈니스를 보다 효율적이고 수익성 있게 만들 수 있는 새로운 시장 창출과 새로운 가치 생태계 구축 잠재력을 갖게 된다. 그러나 궁극적으로 인공지능의 가치는 시스템 자체에 있는 것이 아니라 기업이 이러한 시스템을 사용해 인간을 지원하는 방법과 이러한 시스템이 하는 일을 주주와 대중에게 설명하고 신뢰를 얻는 방식에 있다.

인공지능은 급진적 혁신과 테크놀로지 푸시의 특징이 있다. 인공지능 기술을 이용해 고도화한 기능을 지닌 제품과 서비스를 구현하고, 이를 통해 새로운 가치를 창출해, 사용자 경험을 향상하는 과정을 의미한다. 기술 지식을 가지고 사람들에게 큰 만족을 줄 만한 제품과 서비스를 만들어 낼 수 있는 통찰력이 AI 혁신에서는 가장 중요한 요소다. 즉, 테크놀로지 푸시는 기술의 월등한 기능을 실현해 제품을 개발하는 방식이다. AI 혁신은 전형적인 테크놀로지 푸시 방식으로 진행하고 있다. AI 혁신과 함께 양자 컴퓨터 개발이 상용화되면, 인간과 AI 간의 격차가 없어지는 특이점이 발생할 가능성이 있다.

AI 제품과 서비스를 만든다는 것은 알고리즘('씨앗'), 데이터('양분'), 애플리케이션('나무') 그리고 비즈니스 모델('숲')로 이어지는 AI 혁신 과정을 의미한다. AI 제품과 서비스 과정을 비유한 사례를 설명해 보자. '씨앗'이라는 알고리즘은 AI 제품을 작동하게 하는 기술적 메커니즘이다. '씨앗'의 '양분'으로는 데이터를 들 수 있다. '씨앗'에서 '양분'으로 자란 '나무'는 AI 애플리케이션[알파폴드, 챗지피티, 람다(LaMDA)와 바드 및 제미나이 등]

이다. '씨앗'에서 '양분'으로 자란 '나무'로 '조성된 숲 혹은 나무의 가치(조경, 열매, 목재 등)'는 새로운 빅 데이터 기반 인공지능 비즈니스 모델로 구현될 수 있다. AI 혁신은 정교한 알고리즘을 개발하고, 풍부한 데이터 학습으로 성능을 고도화해 유용한 제품 및 서비스의 형태로 애플리케이션을 만들고, 체계적인 비즈니스 모델은 사용자에게 새로운 디지털 가치(가성비, 편의성, 디지털 체험 등)를 제공하는 동시에 기업에게 새로운 시장 확대와 수익을 창출한다.

인공지능의 3대 구성 요소는 컴퓨터 역량[하드웨어와 컴퓨터 비전(Computer Vision) 등], 빅 데이터, 알고리즘으로 분류할 수 있다.

첫째, 컴퓨터 역량은 하드웨어와 컴퓨터 비전 등으로 설명할 수 있다. 2016년 알파고가 이세돌 9단과 대국하기 위해 수백 대의 컴퓨터를 병렬로 연결해서 사용했다. 초기의 병렬 컴퓨팅(Parallel Computing)에서 에지 컴퓨팅(Edge Computing), 클라우드 컴퓨팅(Cloud Computing), 양자 컴퓨팅(Quantum Computing) 등의 발전이 급속히 진행되고 있다. 인공지능 반도체의 개발과 같은 하드웨어의 발전도 인공지능 구성 및 운영에 필수적이다. 특히 미국 엔비디아는 AI 연산에 핵심적으로 쓰이는 GPU(그래픽 처리 장치) 반도체 시장을 장악한 1위 기업이다. 엔비디아의 반도체가 없으면 마이크로소프트, 구글 등 글로벌 빅 테크가 뛰어든 'AI 전쟁'에서 살아남을 수 없다. 아울러 컴퓨터 비전은 인공지능의 한 분야다. 컴퓨터 비전은 컴퓨터와 다양한 소프트웨어 시스템을 통해 디지털 이미지, 비디오 및 기타 시각적 입력에서 의미 있는 정보를 추출한 다음 이러한 정보를 바탕으로 작업을 실행하고 추천할 수 있도록 한다.

둘째, 인공지능이 사람처럼 인지하고 판단하려면 학습할 수 있는 빅 데이터가 필요하다. AI 크롤러(crawler)는 인터넷 웹페이지를 방문해 정보를 자동으로 수집하고 분류 · 저장하는 소프트웨어다. 최근 오픈AI나 앤트로픽과 같은 AI 개발사에서 내놓은 AI 크롤러는 이와 같은 방식으로 AI 모델 학습에 필요한 데이터를 확보한다. AI 크롤러를 활용한 데이터의 '수집 · 생산 → 저장 · 관리 → 가공 · 유통 → 분석 · 활용' 과정에서 보다 많은 데이터가 요구된다. 오픈AI가 2020년 내놓은 GPT-3는 토큰(AI가 학습하는 문장의 최소 단위) 약 3000억 개를 학습했고, 3년 후 출시된 GPT-4는 40배가 늘어난 토큰 약 12조 개를 훈련했다. 메타가 2024년 출시한 생성형 AI

라마 3는 15조 개 넘는 토큰을 학습했다. 에포크 연구소에 따르면, GPT-5는 토큰 약 60조 개의 데이터를 학습할 것으로 예상되지만 현재 사용 가능한 양질의 데이터를 모두 합쳐도 GPT-5 학습에 10조~20조 개 이상 토큰이 부족할 수 있다. ≪뉴욕타임스≫는 언론사나 창작자, 저작권자들이 데이터 수집을 제한하면서 AI 모델을 최신 상태로 유지하기 위해 고품질의 데이터를 꾸준히 확보해야 하는 AI 개발사들이 위협을 느끼고 있다고 보도했다.

가트너(Gartner, 2011)에 따르면 응용 프로그램, 소프트웨어, 하드웨어의 경제가 아닌 빅 데이터, 오픈 데이터, 연결 데이터 등 데이터로 파생되는 경제가 경쟁 우위를 이끌어 가는 시대라고 정의했다. EC(2014)는 데이터 경제에 대해 데이터를 다루는 구성원이 만들어 내고 있는 생태계를 의미하며, 데이터의 생성 · 수집 · 저장 · 처리 · 분배 · 전달 등을 모두 포괄한다고 설명했다. 데이터 경제는 데이터의 '수집 · 생산 → 저장 · 관리 → 가공 · 유통 → 분석 · 활용' 과정에서 파생되는 전 산업 분야를 포괄하며, 데이터가 인공지능을 통해 다양하게 축적 · 활용되면 그 범위는 확대된다. 현재 데이터 수집 · 생성 과정에서 인공지능과 연계된 다양한 스마트 기기 · 설비들과 저장 · 관리를 위한 인공지능 솔루션 및 서비스들이 활발히 등장한다. 가공 · 유통 단계에서 데이터를 거래 · 공유하는 신산업이 발생하고 인공지능을 통한 분석 · 활용 단계에서 산업별로 새로운 경제적 가치가 발생한다. 빅 데이터와 인공지능의 연계가 가속화함으로써 기존의 예측 가능한 범위를 넘어 광범위하고 빠르게 시장 경제가 확대되고 인공지능 제품과 서비스의 파급이 가속화할 전망이다. 인공지능의 급속한 디지털 혁신이 이루어지면서, 정치 · 경제 · 사회뿐만 아니라 전 산업 분야와 기업의 생산 · 연구 · 관리 · 지배 구조 등을 포함한 시스템에 상당한 변화 및 성장 트렌드가 발생하고 있다. 즉, 인공지능 혁신 등을 통해 경제 이론 및 현상과 비즈니스를 분석 · 예측 · 설명하는 것을 데이터 경제학(Economics of Data)으로 설명할 수 있다.

셋째, 데이터의 '수집 · 생산 → 저장 · 관리 → 가공 · 유통 → 분석 · 활용' 과정에서 인공지능은 다양한 알고리즘과 머신 러닝(Machine Learning, 기계 학습) 및 딥러닝 등의 학습으로 지각, 추론, 학습, 환경과의 상호 작용, 문제 해결, 심지어 창의성 발휘와 같이 인간의 마음과 관련한 인지 기능을 수행하는 능력을 강화하고 있다. 구체적으로 인공지능의 주요 유형과 서비스는 지능형 기계와 디바이스, 제한된 메모리, 데이터 마이닝 이론 및 자기 인식과 학습이 포함된다. 이러한 AI 알고리즘과 학습 방법은 자연어 처리(Natural Language Processing, NLP), 컴퓨터 비전, 안면 인식(Face Recognition), 머신러닝 및 딥러닝, 연합 학습(Federated Learning)과 강화학습(Reinforcement Learning), 그리고 비지도 학습(Unsupervised Learning) 등과 같은 기술을 가능하게 한다. 다양한 알고리즘과 학습을 보유한 대부분의 인공지능은 중심 기술로 작동되어 기업과 조직에 최상의 조치를 제안 및 추천한다.

결과적으로 AI 혁신과 다양한 활용으로 기업의 매출과 수익을 극대화하고, 프로세스를 개인화하고, 데이터를 정확하게 사용하고, 다양한 확률 통계 등을 활용해 더 나은 고객 서비스와 예측 서비스를 제공할 수 있다. 글로벌 빅 테크 기업과 주요 혁신 기업들이 다양한 알고리즘으로 구현한 개인 맞춤형 서비스가 가능한 빅 데이터 기반 AI 비즈니스 모델을 구현하고 있다. 특히 대규모 언어 모델(LLM)을 기반한 생성형 AI의 다양한 AIaaS, AI 로봇 제품, 서비스, 인간과 함께하는 AI 비서 및 집사, 인간 업무를 대체하는 다양한 AI 에이전트가 글로벌 빅 테크 기업들에 의해 폭발적으로 공개되고 있다.

2024년 7월 ≪포브스≫는 인공지능이 자율적으로 행동할 수 있는 'AI 에이전트'의 시대가 열리고 있다고 설명한다. AI 에이전트는 데이터를 분석해 개인의 계획을 세우고, 새로운 정보를 받아들여 새로운 해결책을 제시하기도 한다. AI 에이전트는 AI 기술이 점점 정교해지는 과정에서 자연스럽게 발생했다. 대규모 언어 모델(LLM)을 중심으로, AI가 자율적으로 행동할 수 있도록 구조와 흐름을 구축하는 것이 주요 과제다.

세계적인 조사 분석 기관인 가트너는 2025년 10대 전략 기술 트렌드로 AI 에이전트를 선정했다. 가트너는 2028년까지 기업 내 업무 결정의 약 15% 이상이 '에이전틱 AI(Agentic AI)'에 의해 자율적으로 이루어질 것으로 전망하고 있으며, 이는 다양한 부문에서 생산성과 의사결정 효율성을 향상하기 위한 AI 의존도가 높아지고 있음을 시사했다. 에이전틱 AI 기술의 통합은 기업 내 담당자들이 전략적이고 창의적인 업무에 집중할 수 있도록 해서 운영 효율화 및 관련 시너지 효과를 낼 수 있는 근로 환경을 조성할 것으로 전망된다. 아울러, AI 에이전트는 AI 어시스턴트(AI Assistant) 및 관련 소프트웨어 플랫폼의 핵심 요소가 될 것으로 전망되며, 상당수 스타트업들이 관련 기술 분야 선두 주자로 부상하고 있다.

범용 인공지능

인공지능 기술이 급속히 발전하고, 인간 생활에 인공지능 활용이 자연스럽게 적용되고 있다. 인간같이 보고, 듣고, 대화를 하고 인간같이 행동 및 추론하는 인공지능이 개발되고 있다.

일반적으로 AI 혁신은 크게 두 가지로 구분할 수 있는데, 생성형 AI(Generative AI)와 최적화 AI(Optimization AI)다. AI 혁신은 각각의 목표와 활용 방식이 다르며, 다양한 산업에서 혁신을 이끌고 있다. 생성형 AI는 창의적인 결과물을 만들어 내는 데 중점을 두며, 새로운 콘텐츠나 데이터를 생성하는 데 사용한다. 최적화 AI는 문제 해결과 효율성에 중점을 두며, 주어진 조건 내에서 최적의 솔루션을 찾는 데 사용한다. 생성형 AI와 최적화 AI 기술은 서로 다른 목적을 가지고 있지만, 서로 보완적으로 다양한 산업에서 혁신을 주도하고 있다.

이러한 AI 혁신을 통해, 조만간에 만나게 될 범용 인공지능(AGI, Artificial General Intelligence)은 인간의 지능 수준에 도달해 다양한 작업을 이해하고 학습하며 적용할 수 있는 인공지능을 의미한다. 챗지피티 및 제미나이와 같이 좁은 범위의 특정 작업에 특화한 약(弱) 인공지능(ANI, Artificial Narrow Intelligence)과 달리,

AGI는 인간의 지능과 유사한 범용 문제 해결 능력을 복제하는 것을 목표로 한다. 그리고 초(超)인공지능(ASI, Artificial Super Intelligence)은 인간을 뛰어넘는 지적 능력을 갖춘 AI를 의미한다. 스스로 목표를 설정하고 개선하는 능력이 탁월해 인간이 상상할 수 없는 수준의 복잡한 문제를 창의적으로 해결 가능한 것이다. AI 간의 자발적 소통이 가능해 인류가 전유물로 여겨 온 '집단 지성'도 구현할 수 있다. 긍정적인 측면에서는 ASI가 인간을 대신해 불치병과 기후 위기 등 거대 난제들을 해결할 것으로 기대한다. 반면 통제 불가능한 ASI가 인류 최대 위협이 될 것이라는 우려도 크다.

AGI의 주요 특징으로는 범용성, 자율성, 학습 능력, 추론 능력, 이해력 등이다. 첫째, AGI는 한 맥락에서 배운 지식과 기술을 다양한 다른 작업에 적용할 수 있다. 둘째, AGI는 인간의 개입 없이 독립적으로 작동하며, 새로운 상황에 적응할 수 있다. 셋째, AGI는 경험을 통해 지속적으로 학습하며, 새로운 상황에 대해 명시적으로 프로그래밍되지 않아도 성능을 향상할 수 있다. 넷째, AGI는 복잡한 개념과 추상적 사고를 이해하고 이를 통해 결정을 내리며 문제를 해결할 수 있다. 다섯째, AGI는 맥락을 이해하고 의미 있는 방식으로 자연어, 시각 정보 등 다양한 형태의 데이터를 처리할 수 있다.

2024년 7월 블룸버그는 오픈AI가 전체 회의를 통해 새로운 AI 분류 시스템을 직원들과 공유했다고 보도했다. 오픈AI는 인공 일반 지능(AGI)으로 가는 AI 능력 수준을 5단계로 나눠 제시했다. 자신들의 기술은 2단계에 도달하기 직전 수준이라고 평가했다. 자율 주행 차 개발 단계와 유사하게, AI 수준을 5단계로 나눈 방식이다. 이에 따르면 1단계는 '챗봇(Chatbots)'으로 현재 챗지피티와 같이 인간과 대화형 언어로 상호 작용하는 수준이다. 2단계는 '추론자(Reasoners)'로 박사 수준 교육을 받은 사람처럼 고도의 추론이 가능한 AI를 뜻한다. 3단계 '에이전트'는 인간을 대신해 며칠간 복잡한 작업을 수행할 수 있는 수준이고, 4단계 '혁신자(Innovators)'는 새로운 아이디어로 혁신을 도울 수 있는 수준이다. 마지막 5단계는 '조직(Organizations)'이다. 홀로 조직 단위 업무를 총괄 수행할 수 있는 광범위한 능력의 AI를 의미한다.

샘 올트먼 CEO는 2023년 말 수학적 추론이 가능한 AGI의 실마리를 잡았다고 설명했고, 오픈AI 경영진은 자사의 기술이 1단계에 머물고 있지만, 2단계에 도달하기 직전이라고 공개했다. 오픈AI는 인간을 능가하는 능력을 가진 AGI를 만드는 것을 목표로 하고 있다. 샘 올트

표 3-1. 오픈AI의 AI 능력 수준 5단계 구분

Stages of Artificial Intelligence	
Level 1	Chatbots, AI with conversational language
Level 2	Reasoners, human-level problem solving
Level 3	Agents, systems that can take actions
Level 4	Innovators, AI that can aid in invention
Level 5	Organizations, AI that can do the work of an organization

먼 CEO는 향후 10년 안에 AGI에 도달할 수 있을 것으로 기대한다고 주장하고 있다. 하지만 어떤 능력을 갖춘 AI를 AGI라고 부를지에 대해서는 명확한 정의가 없다.

구글 딥마인드도 2023년 11월 '일반 분야 AI와 '특정 분야 AI'를 구분, '전문가'나 '슈퍼 휴먼' 등을 포함하는 5단계 분류를 제안한 바 있다. 구글은 특정 분야에서는 이미 AI가 인간을 능가했지만, 일반 분야에서는 아직 걸음마 단계라고 설명했다. 당시 구글도 챗지피티를 1단계로 구분했다.

이러한 AGI는 정치 · 경제 · 사회 · 과학 기술 · 국제 관계 등에 다양한 영향이 발생하게 된다. 예를 들면 경제적인 측면에서 AGI는 광범위한 작업을 자동화해 노동력과 경제 구조에 중대한 변화를 초래할 수 있다. 과학 및

기술 발전 측면에서도 AGI는 다양한 분야의 연구와 개발을 가속화해 의학, 기후 과학 등에서 획기적인 발전을 이끌 수 있다. AGI의 개발 및 배포는 제어, 인간 가치와의 정렬, 프라이버시 및 보안과 같은 중요한 윤리적 문제를 제기한다. 세계적 권력 역학 변화 측면에서, AGI를 개발한 국가나 조직이 상당한 전략적 이점을 가질 수 있어 글로벌 권력 역학에 변화를 초래할 수 있다. 미국에서 인공지능이 인류를 멸종시킬 수준의 위협이 될 수 있다는 보고서가 나왔다. 이 보고서는 AI가 무기화하고 통제력을 상실한다면 세계 안보 위험이 커지므로 미 정부의 개입이 빨리 이뤄져야 한다고 강조했다.

2024년 3월 ≪타임≫지에 따르면, AI 정책 조언 등을 제공하는 미국 민간 업체 글래드스톤 AI는 홈페이지에 '첨단 AI의 안전성과 보안성을 높이기 위한 실행 방안(2024.3.11)'과 관련한 보고서를 발표했다. 총 247쪽에 달하는 보고서는 미 국무부의 의뢰로 작성됐다. 보고서의 핵심은 최첨단 AI와 AGI(범용 인공 지능) 등장은 핵무기 도입을 연상시키는 방식으로, 최악의 경우 인류에게 멸종 수준의 위협을 초래해 세계 안보를 불안정하게 만들 가능성이 있다는 것이다. 보고서는 특히 최첨단 AI와 AGI의 큰 위험 요소로 '무기화'와 '통제력 상실'을 꼽았다. 보고서는 "이 시스템은 잠재적으로 생화학 및 사이버 전쟁을 설계하고 실행하는 데 사용될 수 있고, 통제가 불가능해져 인간에게 적대적으로 행동할 수 있다"고 경고했다. 특히 AGI 진화 속도를 재앙적 위험의 핵심 요인으로 분석했다. AGI는 대부분의 작업을 인간 수준 이상으로 수행하는 인공지능으로 공상 과학 영화 등에 등장하고 있다. 아직 존재하지 않지만, AI 전문가들은 향후 5년 이내에 AGI가 나올 것으로 보고 있다. CNN에 따르면 오픈AI, 구글 딥마인드, 앤트로픽, 엔비디아는 모두 오는 2028년까지 AGI에 도달할 수 있다고 공개적으로 밝혔다. 보고서는 이런 위협에 대응하기 위해 미 정부가 AI 개발에 신속하고 단호하게 개입해야 한다고 강조했다. 구체적으로 긴급 규제 안전장치와 새로운 AI 감독 기관을 만들고, AI 모델 훈련에 사용할 수 있는 컴퓨터 성능을 제한하는 방안 등을 제시했다. 아울러 첨단 AI 반도체 제조와 수출에 대한 통제도 강화할 것을 권고했다.

AGI는 여전히 이론적 목표로 남아 있지만, 인간 수준의 이해와 추론을 복제하는 알고리즘 개발, AGI의 목표와 행동을 인간 가치에 맞추는 방법, 복잡한 환경에서 독립적으로 작동할 수 있는 견고하고 안전한 시스템 구축 등의 과학적 · 기술적 도전을 극복해야 한다.

특히 영화에서 봤던 인간과 같은 수준의 사이버 인간은 '양자 기술(Quantum Technology)의 일반화'가 가능해야만 가능하다. 양자 컴퓨팅, 양자 통신, 양자 센싱 등과 AI의 융합이 가져올 혁신 가능성과 그에 따른 성과로 AGI를 이해해야 한다. 양자 컴퓨터는 고차원 데이터의 학습 및 생성 속도를 가속화할 수 있으며, 이는 생성형 AI가 현실적인 한계를 넘어서 새로운 수준의 성능을 발휘할 수 있게 한다. 즉, 고차원 데이터를 생성하는 데 양자 컴퓨팅이 강력한 도구가 될 수 있으며, AI의 미래 혁신을 위한 새로운 패러다임을 제시하고 있다. 데이터의 '수집 · 생산 → 저장 · 관리 → 가공 · 유통 → 분석 · 활용' 과정에서 발생하는 다양한 문제와 이슈 등을 해소하기 위해 미국을 비롯한 주요 국가들과 빅 테크 기업들이 양자 기술 개발과 투자 확대 및 양자 AI를 진행하고 있다.

참고문헌

글래드스톤(Gladstone AI)(2024.3.11). 첨단 AI의 안전성과 보안성을 높이기 위한 실행방안.

김용환 · 임희정(2021). 『AI(인공지능) 시대의 데이터 경제학』. 청람출판사.

김용환 · 임희정(2021). 『빅데이터 분석: 코로노믹스(Coronomics)

사례』. 청람출판사.
김용환 · 임희정(2024). 『AI(인공지능) 경영론』. 청람출판사.
김용환 외(2023). 『포스트 휴먼과 융합』. 한울아카데미.
김용환(2022). 『연구윤리포럼』. 연구재단.
김용환(2023). 『연구부정 의심행위 조사 검증 매뉴얼』. 연구재단.
김용환(2024). 양자산업 트렌드와 시장분석. 혁신클러스터학회 추계학술대회.
김용환(2024). 『양자경제와 AI 산업혁신』. KIST.
마이크로소프트(2023.5.9). 2023 워크 트렌드 보고서(2023 Work Trend Index: Annual Report).
산업연구원(2024). AI 시대 본격화에 대비한 산업인력양성 과제. ≪i-KIET 산업경제이슈≫, 162.
정보통신산업진흥원(nipa)(2024.10). 글로벌 ICT 주간동향리포트.
조선일보와 한국경제 및 AI타임스 등 주요 언론 기사들 참조.
한국신용정보원(2022). 금융 AI 시장 전망과 활용 현황: 은행권을 중심으로.
Gladstone AI(2024.3.11). Defense in depth: An action plan to increase the safety and security of advanced AI.
McKinsey(2018.9.4). Notes from the AI frontier: Modeling the impact of AI on the world economy. Discussion Paper.
Mckinsey(2024). Quantum technology monitor.
McKinsey(2024.1). Generative AI in operations: Capturing the value.
McKinsey(2024.3.25). Driving innovation with generative AI.
McKinsey(2024.5). What is AI?.
Toews, Rob(2024.7.9). Agents are the future of AI. Where are the startup opportunities?. *Forbes*.

04

인공지능 산업 경제 발전

2022년 11월 오픈AI가 개발한 챗지피티가 AI 에이전트 등의 다양한 서비스와 비즈니스로서 성장 가능성을 보임에 따라 빅 테크 기업들은 대규모 언어 모델 기반 AI 서비스 모델과 AI 에이전트 등을 출시하고 있다. 폭발적으로 성장하고 있는 인공지능 시장과 비즈니스 변화를 만날 수 있다.

AI와 사주?

인공지능 혁신과 시장의 변화 트렌드

1차 산업 혁명에서는 증기 엔진을 기반으로 방적기, 증기 철도, 상선 등에 의한 파괴적 기술 혁신 가속화와 생산 경제 확대로 경제 규모의 확대와 시장 경제 활성화 및 지속적인 경제 성장이 발생했다. 2차 산업 혁명에서는 전기 및 제조 생산 공정의 자동화, 특히 컨베이어 벨트 생산 시스템에 의한 자동차 산업 발전 등 제조업의 생산성이 급격히 이루지는 파괴적 기술 혁신이 발생했다. 생산 경제 중심의 경제에서 생산 공급 과잉이 발생하면서, 미국에서는 1929년 대공황이 발생하고 1, 2차 세계 대전 등으로 미국을 중심으로 하는 새로운 글로벌 경제 질서와 비즈니스 환경이 발생했다.

3차 산업 혁명에서는 무어의 법칙에 근거해, TV, 냉장고, 세탁기 등 가전제품을 중심으로 한 생산 공정 및 생산 공장 자동화 시스템과 ERP 도입, 개인형 컴퓨터(PC)의 출현과 인터넷의 일반화로 전자 상거래의 발전, 스티브 잡스의 아이팟과 아이폰 등 새로운 비즈니스 모델 개발로 인한 급속한 생산성 발전과 비즈니스 수익 구조 및 수익 모델이 발생했다. 또한 전자 · 정보 기술의 급속한 기술 진보를 기반으로 시장 가치 1조의 유니콘 기업과 시장 가치 10조의 데카콘 기업이 급속히 출현하면서 기술 혁신과 새로운 비즈니스 중심의 글로벌 경제를 발전시켰다.

4차 산업 혁명에서는 정보 통신 기술(Information Communication Technology, ICT) 기반 디지털 산업 혁신 중심으로 기존의 사업 시장이 결합 및 융합한 CPS(Cyber Physical System, 사이버 물리 시스템)가 시장 경제와 글로벌 경제의 성장 엔진으로 주목받고 있다. 특히 디지털 기술의 혁신 성과물인 데이터의 집단 지성인 빅 데이터와 AI, 클라우드 등에서 발생하는 파괴적 혁신을 중심으로 새로운 비즈니스가 폭발적으로 발생하고 있다. 데이터의 '수집 · 생산 → 저장 · 관리 → 가공 · 유통 → 분석 · 활용' 과정에서 AI와의 연계가 가속화하고 있다.

구체적으로 SNS와 이미지 및 동영상 등으로 구성된 정형 데이터와 비정형 데이터 및 반정형 데이터를 인식 및 이해하는 인공지능의 머신 러닝과 딥러닝의 발전으로 디지털 헬스 케어 산업과 로봇 프로세스 자동화(RPA)의 융복합 비즈니스 등이 폭발적으로 성장 · 발전하고 있다. 데이터와 인공지능은 실제 마케팅 및 영업, 공급망 관리 및 제조 분야, 의료 및 헬스 케어 분야 등의 비즈니스 현장에서 발생하는 문제를 해결해 주면서, 유니콘 기업과 데카콘 기업들이 데이터와 인공지능이 융합한 새로운 비즈니스를 다양하게 창출하고 있다.

15초 동영상 서비스인 틱톡(TikTok)의 바이트댄스(ByteDance)와 차량 공유 서비스인 미국 우버 및 리프트, 2024년 말 3억 163만 명의 유료 회원을 보유한 세계적 동영상 스트리밍 서비스 기업인 넷플릭스 등이 대표적 기업이다. 고객의 데이터로부터 다양한 데이터 신경망 분석을 기반으로 하는 넷플릭스의 비즈니스 모델은 인공지능 기술에 바탕을 둔 추천 서비스다. 즉, 고객이 원하는 시간에 즐길 수 있는 영화 등 다양한 멀티미디어 콘텐츠를 실시간 개인 맞춤형으로 추천하는 빅 데이터 기반 AI 시스템이다. 예를 들면, 수많은 영화 중에서 주관적으로 선택해야 하는 어려움과 리스크를 해소해 주면서, 개인 맞춤형 서비스로 고객이 대우받고 있다는 즐거움을 제공하는 빅 데이터 기반 AI 비즈니스 모델이다.

한편 AI 시대에도 콘웨이 법칙을 고려해야 한다. 명시된 규칙과 지시 사항이 없을 경우 팀이 선택한 선택 사항은 해당 집단의 암묵적인 가치를 반영하는 경향이 있다는 것이다. 현재 서구와 중국의 AI 개발 단계에도 차이가 존재하는데, 개인적인 아이디어와 집단 이데올로기는 AI 생태계, 코드베이스, 알고리즘, 프레임워크, 하드웨어 및 네트워크 설계에 고스란히 반영된다. 그러한 진행 과정으로 잘못된 데이터의 머신 러닝을 통해 AI는 잘못된 표현과 데이터 분석을 하게 된다는 것이다.

영상 플랫폼 기업인 구글의 유튜브와 바이트댄스의 틱톡은 사용자와의 과거 온라인 인터랙션, 즉 온라인 접속 이력을 기반한 데이터를 인공지능으로 분석해 사용자가 시청하길 원하는 것으로 예상되는 영상과 AI 기반 뉴스 모아 보여 주기 등을 추천하는 비즈니스 모델을 갖고 있다. 15초 동영상 서비스인 틱톡의 바이트댄스도 고객이 원하는 테마별로 구성한 데이터 기반 동영상을 추천하는 비즈니스 모델을 갖고 있다. 2018년 1분기에만 4500만 회 이상의 다운로드 수를 기록해 유튜브를 제치고 세계 1위를 기록했다. 동영상 서비스의 글로벌 1위였던 구글의 유튜브 추천 서비스를 모방했지만, 유튜브의 동영상이 대부분 너무 길어 간단하면서 짧은 이미지와 영상을 선호하는 새로운 디지털 고객들은 15초 동영상 서비스인 틱톡을 선호하고 있다. 틱톡에서 사용자들은 음악과 특수 효과를 이용해 재미있는 15초 동영상을 만들고 해시태그 등의 설명을 붙여 공유할 수 있어, 특히 10대와 20대 사이에 많은 인기를 얻고 있다. 2010년 후반부터 대한민국에서 가장 많이 사용하는 동영상 앱도 틱톡으로, K-Pop 등에서 많은 연예인들이 참여하고 있다. 따라서 틱톡은 흥미로운 동영상을 이용해 사용자들의 관심과 참여를 유도하고, 온라인 접속 이력에 기반한 데이터로 인공지능 알고리즘을 통해 사용자 개개인에게 맞춤화한 광고 영상을 제시하는 방법으로 매출을 증대하고 있다. 글로벌 소셜 미디어 시장에 '짧은 동영상' 열풍을 몰고 온 '틱톡'의 운영사 바이트댄스는 2020년 1분기에 지난해 같은 기간보다 130% 상승한 400억 위안(약 6조 8420억 원)의 매출을 올렸다. 이는 국내 최대 인터넷 기업인 네이버의 2019년 연간 매출(약 6조 5934억 원)을 뛰어넘는 숫자다. 일부 중국 매체는 바이트댄스에 '펑쾅인차오지(瘋狂印鈔機, 미친 돈 찍는 기계)'라는 별명까지 붙였는데, 매년 매출을 배(倍)로 늘려 간다는 의미다. 2012년 설립 후 10년 만에 명실상부한 세계 최대 기업 가치의 스타트업으로 성장 발전한 것이다.

글로벌 조사 연구 기관인 옴디아(Omdia)에 따르면, 코로나19 팬데믹이 여러 산업에 미친 다양한 영향에도 불구하고, 세계 인공지능 소프트웨어 시장은 2019년 164억 달러에서 여섯 배 증가해 2025년에는 988억 달러 규모로 확대될 것이라고 전망했다. 인공지능 소프트웨어 시장은 지난 수년 동안 엄청난 성장세를 기록했는데,

코로나19 팬데믹으로 인공지능 소프트웨어 시장 전망이 꺾이긴 했지만, 업계 부문별로 그 영향이 일정하지는 않다. 에너지, 석유, 가스 및 광산업 등 일부 산업은 인공지능 사업을 축소한 반면, 보건 분야 같은 소수의 시장은 AI 채택을 가속화하고 있다. 옴디아는 코로나19 팬데믹의 지속 기간과 그 영향의 심각성을 기반으로 네 가지 시장 시나리오를 설정했다. 옴디아의 온건한 시나리오에 따르면, 인공지능 소프트웨어 시장은 앞으로도 두 자릿수 성장세를 이어 갈 전망이다. 다만, 2019~2025년의 누적 시장 규모가 코로나19 이전에 나온 전망보다 22% 감소할 것으로 예상된다.

글로벌 시장 조사 업체인 마켓앤마켓은 보고서를 통해 AI 시장의 규모가 2022년부터 2027년까지 연평균 36.2%의 성장률을 기록, 869억 달러(약 120조 4000억 원)에서 4070억 달러(약 563조 9,000억 원)로 성장할 것이라고 예측했다. 전 세계 인공지능 시장 규모가 2027년에는 현재보다 4.6배 이상 커질 것이라는 예측이다. 업종별로는 의료 및 생명 과학 부문이 가장 높은 성장세를 기록할 것이라 설명했다. 많은 양의 영상 데이터를 학습하고 이를 바탕으로 영상을 분석, 의사의 진단을 보조하는 의료 AI는 현재 가장 빠르게 성장하는 분야 중 하나로 분석했다. 기술별로는 '컴퓨터 비전' 관련 시장의 비중이 가장 클 것으로 내다봤다. 컴퓨터 비전은 의료 AI의 영상 분석과 같이 단일 이미지 또는 영상 등에서 유용한 정보를 자동으로 추출, 분석해 주는 기술이다. 이는 의료 분야를 넘어 농작물이나 가축을 모니터하고 질병을 감지해 생산성을 높일 뿐 아니라 제조 과정 중 발생하는 불량품을 골라내는 등 인력과 비용을 크게 줄이는 데 기여한다. 지역별로는 역시 북미가 가장 큰 시장을 이룰 것으로 전망했다. 미국에는 IBM, 구글, 마이크로소프트, 엔비디아, 인텔, 메타, 오라클, 아마존 등 글로벌 빅 테크들이 많다. 한편 마켓앤마켓이 꼽은 주요 AI 업체 19개 가운데 미국 이외 국가의 기업은 중국 네 개(화웨이, 바이두, 알리바바, 아이플라이텍), 한국 한 개(삼성전자), 독일 한 개(SAP SE) 등 여섯 개로 설명했다.

한국신용정보원의 『금융 AI 시장 전망과 활용 현황: 은행권을 중심으로』 보고서(2022)에 따르면, 인공지능 시장은 적용 분야에 따라 금융, IT, 소매 · 전자 상거래, 헬스 케어, 운수 · 물류, 국방 · 공공, 제조, 에너지 등으로 세분된다. 2021년 기준 세계 인공지능 시장의 각 분야별 비중은 금융 분야 19.4%, IT 16.5%, 소매 및 전자 상거래 14.8%, 헬스 케어 14.1%, 운수 및 물류 8.6%, 국방 및 공공 10.2%, 제조 7.7%, 에너지 6.5%, 그 외 분야 2.1%이다. 세계 인공지능 시장 규모는 2019년 289억 달러에서 2021년 581억 달러로 41.8% 증가했으며, 이후 2026년까지 연평균 39.7% 성장해, 3095억 달러의 시장을 형성할 것으로 전망했다. 인공지능은 보다 높은 수준의 자동화를 가능하게 하고 축적된 데이터로부터 더 빠르고 정교하게 예측이 가능한 기술로, 빅 데이터를 활용할 수 있는 다양한 분야에서 자동화 혹은 예측이 필요한 업무를 중심으로 도입이 증가하고 있다.

글로벌 조사 기관인 마켓앤마켓은 2023년 11월 자료에서 인공지능 시장 규모가 급속히 증가한다고 전망하고 있다. 2023년 4021억 달러, 2024년 5022억 달러, 2025년 6204억 달러, 2026년 7603억 달러, 2027년 9232억 달러를 예측하고 있다. 연평균 증가율이 17.4%이다. 주요 성장 요인으로는 인공지능 기술 발전, 인공지능 활용 분야 확대, 클라우드 시장 성장, 디지털 전환 가속, 데이터 분석 중요성 증가 등으로 분석했다.

반면에 2024년 3월 산업연구원은 『AI 시대 본격화에 대비한 산업 인력 양성 과제』 보고서를 발표했다. 2022년 현재 국내 기업의 AI 도입률은 4% 수준에 불과하지만, 급속도로 발전하는 AI 성능을 고려할 때 빠른 시일

내에 AI 도입이 확대되고 일자리 대체 현상이 광범위하게 나타날 것이라는 전망이다. 일자리 소멸 위험성이 큰 업종은 제조업(93만 개) · 건설업(51만 개) · 전문 과학 기술 서비스업(46만 개) · 정보 통신업(40만 개) 등으로 조사됐다. 특히 제조업의 경우 주요 세부 업종인 전자 부품 제조업 · 전기 장비 제조업 등이 위험하다고 산업연구원은 강조했다. 직종별로는 전문직 일자리 196만 개가 AI로 대체될 수 있다고 분석했다. 전체 위험군의 59.9%를 차지하는 비중이다. 세부적으로 보면 공학 전문가 및 기술직(113만 개), 정보 통신 전문가 및 기술직(55만 개) 등의 위험도가 높았다.

해외에선 AI의 인간 일자리 대체가 이미 시작됐다. 2024년 3월 12일 CNBC에 따르면 미국 컴퓨터 제조 업체 IBM은 2023년 8월 약 8000개의 일자리를 AI로 대체하겠다는 계획을 발표한 이후 최근 관련 작업에 착수한 것으로 알려졌다. 글로벌 투자 은행 골드만삭스는 2023년 3월 28일 보고서를 내고 AI가 현재 미국과 EU 등에서 일자리의 25%가량을 대체 가능하다고 평가했다. 풀타임 일자리로 보면 약 3억 개로 분석했다.

생성형 AI 혁신과 인공지능 시장 및 비즈니스의 변화 트렌드

2022년 11월 오픈AI가 개발해 공개한 챗지피티가 다양한 서비스와 비즈니스로서의 가능성을 보임에 따라 많은 빅 테크 기업들은 대규모 언어 모델 기반 AI 챗봇 출시 계획을 잇달아 발표했다. 더 나은 모델, 더 많은 데이터, 더 향상한 컴퓨팅 성능 등 이제는 쉽게 생성형 AI를 구축할 수 있는 환경이 마련되었다. 2023년 3월 GPT-4와 11월 GPT-4 터보가 출시되고 챗지피티의 API가 공개됨에 따라 다양한 응용 서비스가 출시되기 시작했으며, 2024년 GPT-4o('o' for 'omni'), 오픈AI-o1(GPT-o1) 등이 공개되며 본격적인 생성형 AI 시장이 활성화될 것으로 전망되고 있다. 다양한 시장 조사 기관에서도 전 세계 생성형 AI 시장 규모는 2022년 101억 달러(약 13조 1000억 원)에서 연평균 34.2%씩 성장해 2032년에는 2000억 달러(약 141조 7000억 원)에 이를 것으로 전망하고 있다. 시장의 규모보다 중요한 것은 AI를 활용해 어떠한 비즈니스 모델로 이 시장을 주도하느냐 하는 것이다.

글로벌 생성형 AI 시장의 주요 성장 요인은 네 가지로 분류된다. 첫째, 스마트폰 등 IoT 기기와 다양한 센서, 소셜 미디어와 메타버스 및 웹 비즈니스 등 다양한 출처에서 생성되는 데이터가 급증하면서 생성형 AI 기술 개발 및 활용이 가속화하고 있다. 둘째, 클라우딩 컴퓨팅 발전이다. 클라우딩 컴퓨팅은 생성형 AI 모델 개발 및 배포 비용을 절감해 더 많은 기업이 생성형 AI 기술을 활용하게 한다. 셋째, AI 분야의 새로운 기술이 다양하게 등장하고 있다. GAN과 변환기 모델(Transformer) 등 새로운 생성형 AI 기술의 등장은 새로운 시장 기회를 창출하고 있다. 생성형 AI로 조기에 성공을 거두고자 하는 기업은 신속하게 AI 기술 혁신을 진행해, 새로운 비즈니스 가치를 창출해야 한다. 넷째, 다양한 산업에서의 활용이 급증하고 있다. 생성형 AI는 헬스 케어와 의료, 금융, 제조와 공급망, 소매, 광고와 엔터테인먼트 등 다양한 산업에서 활용되고 있다.

글로벌 컨설팅 기업인 2024년 매킨지 보고서에 따르면, 인공지능의 파괴적 혁신은 모든 산업에서 공통적으로 발생할 것으로 전망 · 분석하고 있다. 스탠퍼드대학의 앤드루 응(Andrew Ng) 교수는 인공지능 기술이 100년 전 전기의 발명과 같다고 주장했다. 전기만큼이나 인류에 미치는 영향이 크다는 의미다. 소프트뱅크를 이끄는 손정의 회장은 앞으로 인공지능을 지배하는 자가 미래를 지배할 것이라고 주장한다. 즉, 미래에는 AI가 데이터를 활용해 과거를 분석하고, 이를 바탕으로 미래를 설계하는 능력이 더욱 중요해질 것이라고 이야기했다. 매킨지에 따르면, 인공지능은 2030년까지 전 세계적으로 약 13조 달러의 가치를 추가 창출할 것으로 전망했다. 2018년 기준으로 누적 GDP가 약 16%로 증가할 것이며, 이는 연간 GDP 성장률 1.2%에 달하는 효과다. 1차 산업혁명 시기인 1800년대 증기 기관과 기계화 도입으로 0.3%의 노동 생산성이 향상하고, 3차 산업 혁명 시대인 1990년대 공장 자동화 및 생산 로봇 자동화의 영향으로 0.4%, 2000년대 정보 기술 확산으로 0.6%의 생산성이 향상했다는 점과 비교해 보면, 데이터 기반 인공지능의 가치 창출 규모가 상당히 크다는 것을 알 수 있다. ≪포브스≫는 세계 100대 기업의 80%가 인공지능에 투자하고 있고, 향후 대부분의 비즈니스가 데이터와 인공지능에 의해 고도화할 것으로 전망했다. 즉, 데이터와 인공지능은 실제 마케팅 및 영업, 공급망 관리 및 제조 분야 등의 비즈니스 현장에서 발생하는 문제를 해결해 줄 것이다.

2023년 글로벌 시장 분석 업체인 마켓 리서치 퓨처(MRF)는 대화형 AI 시장 연구 보고서를 통해 최근 큰 인기를 얻고 있는 AI 챗봇 시장을 2030년 325억 달러(약 42

조 4515억 원)로 전망했다. 챗지피티와 같은 대화형 인공지능의 글로벌 시장 규모가 2030년까지 연평균 22.6%의 성장률을 기록할 것이라고 분석했다. AI 챗봇의 성장을 견인하는 주요 요소는 BFSI(Banking, Financial Services and Insurance, 은행 · 금융 서비스 · 보험)와 자동차 산업이다. BFSI에서는 고객 지원을 위해 콜센터에 챗봇을 집중 배치하는 추세다. 또 자동차의 유지 관리나 컨디션 체크 등을 위해 아마존 알렉사와 같은 챗봇의 도입이 보편화되고 있다. 서비스 유형별로는 ① 챗봇 형태 위주로 ② 자연어 처리(NLP) 기술을 기반으로 ③ 클라우드 배포를 통해 ④ 대기업의 도입 위주로 ⑤ 브랜딩 및 마케팅, 고객 지원, 개인 비서 등의 지원을 위해 ⑥ 소매 업종에서 주로 사용할 것으로 전망했다. 지역별로는 빅 테크가 모여 있는 북미 지역을 위주로 시장이 성장할 것으로 내다봤으며, 글로벌 자동차 기업과 은행이 모여 있는 유럽이 두 번째로 큰 시장을 이룰 것이라 설명했다. 반면 AI 챗봇의 정확도 부족과 음성 인식 미흡, 높은 설치 비용 등이 제약으로 작용할 수 있다고 설명했다.

구글은 2023년 12월 모바일 기기까지 모든 환경에서 실행할 수 있는 멀티 모달 AI 모델 '제미나이'를 공개했다. 제미나이는 가장 강력한 성능을 가진 울트라(Ultra),

다양한 작업에 적합한 프로(Pro), 온 디바이스용 나노(Nano)의 세 가지 형태로 제공했다. 그 결과 2024년 2분기 구글의 매출은 작년 동기 대비 14%, 순이익은 29% 증가했지만, 구글 모회사인 알파벳 주가는 오히려 5% 하락했다. 당장 실적보다 앞으로 들어갈 AI 투자 비용에 대한 우려가 컸기 때문으로 분석할 수 있다.

2022년 11월 오픈AI의 챗지피티 출시 후 급격하게 성장하던 AI 산업에 대한 경고음이 커지고 있다. AI 산업에 대한 막대한 투자에 비해 수익이 미미하다는 것이다. '돈 먹는 하마'로 AI를 분석 평가하며, 언제쯤 수익성을 갖는 비즈니스 모델로 성장할 것인지에 의문을 던진다. 2024년 6월부터 골드만삭스, 바클리(Barkley) 등 대형 투자은행과 세쿼이아캐피털 같은 벤처 캐피털은 '수십억 달러를 투자한 AI가 한동안 수익을 창출하지 못할 수 있다'는 경고성 보고서를 잇달아 내고 있다. 일부에선 2000년 전후 '닷컴 버블' 때처럼 '옥석 가리기'를 거쳐 살아남은 기업이 수익을 독차지하는 상황이 재연될 것이라는 전망도 나온다.

골드만삭스의 수석 애널리스트 짐 코벨로는 2024 상반기에 발표한 AI 관련 보고서에서 '엄청난 투자에도 AI는 필요한 곳에 다다르지 못하고 있다'고 평가하며, '세상에 쓸모가 없거나 준비되지 않은 것을 과도하게 구축하는 것은 나쁜 결과를 낳는다'는 부정적 의견을 제시했다. 2023년 골드만삭스의 애널리스트들이 'AI가 전 세계 일자리 3억 개를 자동화하고 향후 10년 동안 세계 경제 생산량을 7% 증가시킬 수 있다'고 전망한 보고서와 정반대 내용이다.

바클리가 2024년 6월에 공개한 보고서도 AI의 수익성에 의문 부호를 달았다. 바클리는 '생성형 AI 열풍이 분 지 20개월이 지난 지금까지 소비자나 기업 대상으로 성공한 AI 서비스는 오픈AI의 챗지피티와 마이크로소프트 깃허브(GitHub) 코파일럿밖에 없다'고 분석했다. 또 빅테크들이 2026년까지 AI 모델 개발에 연간 약 600억 달러(약 83조 원)를 투자할 예정이지만, 그때까지 AI를 통한 수익은 연간 약 200억 달러에 불과할 것으로 전망했다.

2024년 6월 세쿼이아캐피털도 빅 테크의 연간 AI 투자 금액으로 미뤄 봤을 때 2024년 6000억 달러 매출이 나와야 손익 분기점을 맞출 수 있다고 분석했다. 하지만 아무리 후하게 잡아도 1000억 달러에 못 미친다는 분석 보고서를 냈다. 2024년만 AI 업계에 5000억 달러의 손실이 생긴다는 것이다. 이런 경고에도 투자금은 계속 AI에

몰리고 있다. 2024년 2분기에 벤처 투자자들이 미국 AI 스타트업에 투자한 금액은 556억 달러로, 이는 2년 만에 단일 분기 최고치로 기록된다.

AI 거품은 기술 발전에서 필연적 현상이란 주장도 나오고 있다. 선 마이크로시스템스 공동 창업자이자 벤처 캐피털 투자자인 비노드 코슬라는 ≪워싱턴포스트(WP)≫에 'AI에 대한 성급한 투자로 손실이 날 수도 있지만, 그렇다고 관련 기술과 산업이 성장하지 않는 것은 아니다'라고 설명했다. 개인용 컴퓨터(PC), 인터넷, 스마트폰 등 신기술은 '버블 시기'를 거치며 발전했다는 것이다. 1994년에 창업한 아마존은 7년 뒤인 2001년에 첫 분기 흑자를 기록했고, 구글은 창업 3년 만인 2001년부터 영업 이익을 냈다는 점을 고려해야 한다.

이와 같은 우려에도 불구하고, 2024년 노벨상 과학 분야 세 분야에서 노벨 화학상과 노벨 물리학상이 AI 발전과 혁신 성과에 수여되었다는 것은 이미 인류는 AI 시대를 함께하고 있다는 점을 강력하게 시사하고 있다. 특히 글로벌 조사 기관 가트너(Gartner)는 2025년 10대 기술 트렌드로 AI 에이전트를 선정했다. 생성형 AI 혁신을 통해, 인간을 위한 집사와 비서 및 업무 대체 가능한 다양한 AI 에이전트와 AIaaS 서비스, AI 로봇 등이 폭발적으로 제공되고 있다. 시장 조사 업체 글로벌 인포메이션은 2023년 약 41억 달러(약 5조 6900억 원)로 추정되는 전 세계 AI 에이전트 시장이 연 평균 성장률 47.3%를 기록하며 2030년에는 618억 달러(약 85조 7600억 원) 규모에 이를 것이라고 전망했다.

참고문헌

글래드스톤(Gladstone AI)(2024.3.11). 첨단 AI의 안전성과 보안성을 높이기 위한 실행방안.

김용환 · 임희정(2021). 『AI(인공지능) 시대의 데이터 경제학』. 청람출판사.

김용환 · 임희정(2021). 『빅데이터 분석: 코로노믹스(Coronomics) 사례』. 청람출판사.

김용환 · 임희정(2024). 『AI(인공지능) 경영론』. 청람출판사.

김용환 외(2023). 『포스트 휴먼과 융합』. 한울아카데미.

김용환(2022). 『연구윤리포럼』. 연구재단.

김용환(2023). 『연구부정 의심행위 조사 검증 매뉴얼』. 연구재단.

김용환(2024). 양자산업 트렌드와 시장분석. 혁신클러스터학회 추계학술대회.

김용환(2024). 『양자경제와 AI 산업혁신』. KIST.

마이크로소프트(2023.5.9). 2023 워크 트렌드 보고서(2023 Work Trend Index: Annual Report).

산업연구원(2024). AI 시대 본격화에 대비한 산업인력양성 과제. ≪i-KIET 산업경제이슈≫, 162.

정보통신산업진흥원(nipa)(2024.10). 글로벌 ICT 주간동향리포트.

조선일보와 한국경제 및 AI타임스 등 주요 언론 기사들 참조.

한국신용정보원(2022). 금융 AI 시장 전망과 활용 현황: 은행권을 중심으로.
Gladstone AI(2024.3.11). Defense in depth: An action plan to increase the safety and security of advanced AI.
McKinsey(2018.9.4). Notes from the AI frontier: Modeling the impact of AI on the world economy. Discussion Paper.
Mckinsey(2024). Quantum technology monitor.
McKinsey(2024.1). Generative AI in operations: Capturing the value.
McKinsey(2024.3.25). Driving innovation with generative AI.
McKinsey(2024.5). What is AI?.
Toews, Rob(2024.7.9). Agents are the future of AI. Where are the startup opportunities?. *Forbes.*

05
인공지능과 할루시네이션

인공지능은 머신 러닝을 통해 데이터를 학습하고 새로운 입력 내용에 따라 기존 지식을 조정하며 사람과 같은 방식으로 과제와 업무를 수행할 수 있도록 지원한다. 데이터를 기반으로 하는 인공지능 기술은 오류가 있는 데이터를 학습해 틀린 답변을 맞는 말처럼 제시하는 할루시네이션이 빈번히 발생하고 있다. 특히 생성형 AI의 학습에서 많이 발생하고 있다.

AI와 아이돌?

인공지능과 환각 현상

인공지능은 기계가 경험을 통해 학습하고 새로운 입력 내용에 따라 기존 지식을 조정하며 사람과 같은 방식으로 과제를 수행할 수 있도록 지원하는 기술이다. 데이터를 기반으로 하는 인공지능 기술은 정치 · 경제 · 사회 · 기술 분야 이외에도 다양한 분야에 응용되고 있다. 특히 생성형 인공지능 개발의 가장 중요한 요소인 데이터 확보가 주목받고 있다. 현실적으로 지금까지 AI 개발사들은 크롤링(온라인의 데이터를 자동 수집하는 것)을 담당하는 자동 프로그램(bot)을 통해 온라인에서 각종 데이터를 긁어모아 AI 모델에 학습시켰다. 즉, AI 크롤러(crawler)는 인터넷 웹페이지를 방문해 정보를 자동으로 수집하고 분류 · 저장하는 소프트웨어다. 최근 오픈AI나 앤트로픽과 같은 AI 개발사에서 내놓은 AI 크롤러는 이와 같은 방식으로 AI 모델 학습에 필요한 데이터를 확보하는 것이다. 최근 언론사를 비롯한 콘텐츠 기업들이 자사 웹사이트에 대한 크롤링 접근을 금지하고 있다. 이전에는 AI 기업들이 콘텐츠를 무단 사용할 경우 저작권을 주장하며 소송을 제기하는 수준이었지만, 이제는 데이터 수집 자체를 원천 차단하고 있다. 인터넷에서 생성된 데이터를 무상으로 사용하는 것에 대한 데이터 윤리의 변화가 발생하고 있다.

AI 크롤러로 구축된 데이터들을 학습해 창출된 전문적인 지식을 컴퓨터에 기억시키고 시스템화해 의사 결정을 지원하는 분야로는 음성 인식, 얼굴 인식, 감정 인식 등이 있다. 인공지능 기반 비즈니스에서는 다양한 분야에서 인공지능 기술을 활용하고 있다. 고객 데이터를 분석해 고객의 선호도를 파악하고 이를 바탕으로 상품 추천을 제공하는 추천 시스템, 고객의 음성을 인식해 자동으로 상담을 처리하는 음성 인식 기술 등이 있다. 인공지능이 예측을 하는 원리는 데이터를 학습하고 분석해 패턴을 찾아내는 것이다. 이를 위해 인공 신경망이나 머신 러닝 알고리즘이 사용된다. 예측 모델은 데이터를 입력하면 출력으로 예측값을 변환한다. 이때 입력 데이터는 학습 데이터와 동일한 형식으로 구성해야 하며, 모델의 성능은 학습 데이터와 검증 데이터를 통해 평가된다.

인공지능이 이상 거래 탐지를 가능하게 하는 원리는 데이터를 분석해 일반적인 패턴에서 벗어나는 이상한 패턴을 찾아내는 것이다. 이상 탐지는 금융 거래에서 부정 거래를 탐지하거나 제조업에서 불량품을 탐지하는 등의 분야에서 활용된다. 인공지능 기반 탐지 활용 사례로는 이상 탐지 거래 분석 및 모니터링 등이 있다.

창작 작업에도 인공지능의 원리가 적용된다. 데이터의 '수집 · 생산 → 저장 · 관리 → 가공 · 유통 → 분석 · 활용' 과정에서 인공지능은 다양한 알고리즘과 학습이 필요하다. AI의 머신 러닝은 통계학을 기초로 하고 있다. 통계학은 설명을 중시하고, 머신 러닝은 다양한 확률 통계 등을 활용해 예측을 가능하게 한다. 데이터와 학습 기반 인공지능의 운영 원리도 동일하다. 즉, 딥러닝은 인간의 뇌 구조에서 영감을 받아 인공 신경망을 구성하고, 이를 통해 데이터를 학습한다. 이렇게 학습한 모델은 새로운 데이터가 입력되면 출력으로 예측값을 변환 및 설명한다. 데이터와 학습 기반 인공지능은 경영 활동에 매우 유용하게 활용되고 있다.

머신 러닝은 데이터에 대해 훈련된 알고리즘을 기반으로 하는 인공지능의 한 형태다. 이러한 알고리즘은 명시적 프로그래밍 명령을 받는 대신 데이터와 경험을 처리해 패턴을 감지하고 예측 및 권장 사항을 만드는 방법을 학습할 수 있다. 알고리즘은 또한 새로운 데이터와 경험에 대응하고 적응해 시간이 지남에 따라 효율성을 개선한다. 현재 생성되고 있는 데이터의 양과 복잡성은 인간이 합리적으로 고려하기에는 너무 방대해 머신러닝의 잠재력과 필요성을 증가시켰다.

1970년대에 시작된 광범위한 활용 이후 몇 년 동안 머신 러닝은 의료 영상 분석 및 고해상도 일기 예보의 성과를 포함해 여러 산업에 영향을 미쳤다. 따라서 머신 러닝은 다양한 학습뿐만 아니라 그 필요성이 더욱 중요해지고 있다. 머신 러닝은 다음의 다양한 비즈니스 분야에서 활용될 수 있다. ① 머신 러닝은 경영 분야에 활용된다. 구체적으로 마케팅 분야에서는 고객 데이터를 분석해 개인 맞춤형 마케팅 전략을 수립할 수 있고, 판매 분야에서는 고객 구매 이력을 분석해 상품 추천 시스템을 구축할 수 있다. 또한 인사 관리 분야에서는 인사 데이터를 분석해 인재 채용 및 보상 전략을 수립할 수 있다. ② 머신 러닝은 금융 분야에서 금융 거래 데이터를 분석해 사기 거래나 부정행위를 탐지하고, 대출 승인 여부 등을 판단한다. ③ 머신 러닝은 제조 분야에서 제조 공정 데이터를 분석해 불량률을 예측하고, 이를 바탕으로 생산 계획을 수립한다. ④ 머신 러닝은 의료 분야에서 환자 데이터를 분석해 질병 예측이나 치료 방법을 제안한다. ⑤ 머신 러닝은 이 외에도 다양한 분야에서 활용될 수 있으며, 기업의 경쟁력 향상에 큰 역할을 할 수 있다.

AI가 고양이를 구분하지 못하는 현상은 딥러닝 기술이 개발되기 전까지는 일반적인 것이었다. 그러나 딥러닝 기술의 발전으로 인공지능은 사람처럼 생각하고 배우며 스스로 데이터를 분류하고 집합의 상하 관계까지 파악할 수 있게 되었다. 딥러닝은 인공 신경망을 이용한 머신 러닝 기법 중 하나다. 딥러닝에서는 입력 데이터를 여러 층으로 구성된 인공 신경망에 입력해 출력 데이터를 예측한다. 이때 인공 신경망의 각 층은 입력 데이터를 변환해 다음 자료 및 데이터 층으로 전달한다. 이 과정에서 가중치와 편향을 조절해 최적의 출력값을 찾아낸다. 딥러닝은 더 넓은 범위의 텍스트 기반 정형 데이터와 이미지 기반 비정형 데이터를 처리할 수 있고, 사람의 개입이 훨씬 적으며, 종종 기존 머신 러닝보다 더 정확한 결과를 생성할 수 있는 머신 러닝 유형이다. 딥러닝은 뉴런이 인간의 뇌에서 상호 작용하는 방식을 기반으로 하는 신경망을 사용해 데이터를 수집하고 점점 더 복잡해지는 데이터 기능을 여러 번 반복해 학습한 후 데이터를 처리한다. 그런 다음 신경망은 데이터에 대한 결정을 내리고, 결정이 올바른지 여부를 학습하고, 학습한 내용을 바탕으로 새로운 데이터에 대한 결정을 내릴 수 있다. 예를 들어, 물체가 어떻게 생겼는지 '학습'하면 새 이미지에서 물체를 인식할 수 있다.

딥러닝의 주요 기능은 다음과 같이 설명할 수 있다.

① 딥러닝의 이미지 인식(Image Recognition)은 이미지 내 객체를 인식하는 기능이다. ② 딥러닝의 음성 인식(Speech Recognition)은 음성 데이터를 텍스트로 변환하는 기능이다. ③ 딥러닝의 자연어 처리(NLP)는 자연어 데이터를 이해하고 처리하는 기능이다. ④ 딥러닝의 추천 시스템(Recommendation System)은 사용자의 행동과 주요 활동 이력 데이터를 학습하고, 선호도를 분석해 상품을 추천하는 기능이다.

딥러닝이란 인간의 두뇌 작동 방식을 기반으로 느슨하게 모델링한 알고리즘인 신경망 계층으로 지원된다. 대량의 데이터를 통한 학습이 신경망에서 신경을 구성하는 것이다. 그 결과 학습을 완료하면 새 데이터를 처리하는 딥러닝 모델이 된다. 딥러닝 기술은 이미지 분류뿐 아니라 음성 인식, 영상 인식, 자연어 처리, 빅 데이터와 같이 데이터 양이 많고, 빠른 처리와 정확한 업무적 성과가 필요한 부분에서 활용된다.

딥러닝은 다양한 분야에서 활용된다. 음성 인식 분야에서는 음성 데이터를 분석해 음성 명령을 인식하거나 음성 번역을 수행할 수 있다. 이미지 인식 분야에서는 이미지 데이터를 분석해 사물 인식이나 얼굴 인식 등을 수행할 수 있다. 자율 주행 분야에서는 카메라나 레이더 등으로 수집한 데이터를 분석해 주행 경로를 결정하거나 장애물 회피 등을 수행할 수 있다.

머신 러닝은 데이터를 이용해 컴퓨터가 스스로 학습하고 예측하는 기술이다. 머신 러닝은 지도 학습, 비지도 학습, 강화 학습으로 구분된다. 지도 학습은 입력 데이터와 출력 데이터를 이용해 모델을 학습시키는 방법이다. 비지도 학습은 출력 데이터 없이 입력 데이터만으로 모델을 학습시키는 방법이다. 강화 학습은 보상과 페널티를 이용해 모델을 학습시키는 방법이다. 특히 머신 러닝에서의 예측은 각 매개 변수의 가중치가 중요하다. 대표적인 활용 사례로 아마존의 예측 마케팅 경영 전략을 들 수 있다. 아마존에서 사용자가 사고 싶은 상품을 제안할 때 AI 기반 시스템을 사용해 사용자가 이전에 구매한 상품과 사용자가 구매한 상품을 다른 사람이 구매한 상품 데이터(추천 제품)를 기반으로 제품을 제안한다. 이제 AI는 인간과의 상호 작용 없이 학습할 수 있는 수준까지 다양하게 발전하고 있다.

오픈AI의 챗지피티와 구글의 제미나이 등 생성형 AI는 머신 러닝과 딥러닝 등으로 다양한 학습을 해서, 스스로 다양한 데이터를 생성한다. 이렇게 생성된 다양한 데이터를 기반으로 인간같이 대화가 가능한 서비스를 제공하고 있다. 생성형 AI의 지식 저장과 인지 능력도 통계학에 기반하고 있다. 인공지능은 인간처럼 인지하고 관찰하며, 이를 판단하고 대화를 진행하거나 행동하는 기계다. 따라서 인간처럼 생각하고 대화를 진행하거나 혹은 행동하기 위해서 인공지능은 통계학의 원리를 활용하고 있다. 우선 인공지능은 인간처럼 인지하고 관찰하기 위해 패턴을 분류하고 분석해야 한다. 이를 위해 통계학의 확률, 회귀 분석, 백터, 행렬, 분포, 기본 통계 등을 활용하고 있다.

생성형 AI의 지식과 인지는 생성한 데이터를 신뢰한 결과다. 즉, 신뢰성이 떨어지는 데이터를 기반으로 머신러닝을 하면, 진실하지 않은 지식과 인지력이 발생한다. 현실적으로 생성형 AI가 진실이 아닌 내용을 진실로 설명하는 경우, 이를 '할루시네이션(Hallucination)'이라고 한다. '할루시네이션'은 환각 현상을 가리키는 영어 단어로, 인공지능이 오류가 있는 데이터를 학습해 틀린 답변을 맞는 말처럼 제시하는 현상을 가리킨다. 챗지피티 같은 챗봇은 진실 여부와 출처가 불분명한 데이터를 바탕으로 딥러닝을 이어 간다. 잘못된 데이터를 바탕으로 챗봇은 논리적이고 그럴싸해 보이는 답변을 만들지만, 생성형 AI 챗봇 이용자는 틀린 정보와 통찰을 수용해 잘못된 판단을 내놓을 수 있다. 데이터 학습으로 스스로 문장을 만드는 지피티의 최신판을 적용해 오픈AI가 내놓은 인공지능 검색 엔진 챗지피티가 돌풍을 일으키자 구글과 마이크로소프트도 각자가 개발해 온 챗봇 서비스를 공개하기 시작했다. 하지만 챗봇이 만들어 내는 정보를 믿을 수 있는지에 대한 의문이 제기된다. AI가 허위 조작 정보, 젠더나 인종 편견 같은 잘못된 정보를 확대하고 재생산하는 수단으로 악용될 수 있다는 것이다. 이를 막기 위해 AI를 규제해야 한다는 목소리도 높아진다. 생성형 AI의 놀라운 결과물은 바로 사용할 수 있는 기술과 서비스처럼 보일 수 있지만 시스템 초기에는 많은 주의를 기울여 진행해야 한다. 지속적으로 발생하는 문제와 윤리적인 이슈까지도 해결해야 한다.

생성형 AI 모델, 특히 지피티와 제미나이 같은 자연어 처리 모델에서 종종 발생하는 할루시네이션의 원인은 데이터의 한계와 모델 구조상의 문제 및 질문 맥락의 부조화 등으로 설명할 수 있다. 첫째, AI 모델은 학습 데이터를 기반으로 예측을 수행한다. 학습 데이터에 없는 정보나 잘못된 정보가 포함되어 있으면 잘못된 응답이 생성될 수 있다. 둘째, 생성형 AI는 패턴 인식을 통해 텍스트를 생성하지만, 이 과정에서 실제로 존재하지 않는 정보를 만들어 낼 수 있다. 셋째, 사용자의 질문이 불명확하거나 모호한 경우, AI는 가능한 답변을 제공하려다 보니 잘못된 정보를 생성할 수 있다는 것이다. 인공지능 챗봇에 발생하는 '할루시네이션' 현상은 여전히 AI의 걸림돌이며, 정확한 발생 이유는 아무도 모른다. 그래서 명확한 해결책도 없다. AI가 안전하게 뿌리내리려면 '할루시네이션'을 어떻게든 해결해야 한다. 2023년 4월 16일 미국 방송 〈60분〉에서 진행한 인터뷰에서 순다르 피차이(Sundar Pichai) 구글 최고 경영자는 바드 등 AI 챗봇에서 발생하는 '할루시네이션' 원인과 해결책을 그 누구도 제시하지 못하고 있다고 설명하며, 향후 AI 개발자의 최우선 임무가 될 것이라고 주장했다.

또한 대규모 언어 모델(LLM)을 활용한 챗봇인 챗지피티 혹은 제미나이 등의 생성형 AI 모델이 가지고 있는 '할루시네이션' 한계를 보완하기 위한 많은 대안들이 제시되고 있다. 이 중 하나가 '검색 증강 생성'으로 번역되는 래그(RAG, Retrieval Augmented Generation)다. 검색과 생성 모델을 통합한 하이브리드 모델이다. 래그는 텍스트 생성 과정에 정보 검색을 통합한 자연어 처리(NPL) 기술이다. LLM에 기존 정보 검색 시스템을 결합해 기존 LLM이 가지고 있는 한계를 극복하고 생성된 텍스트의 정확도와 신뢰도를 개선한다. 래그가 작동하는 원리는 세 가지 단계로 진행된다. 즉, 검색(Retriever), 생성(Generator), 증강(Augmentation Method)이다. 특히 주목할 점은 래그가 기존 LLM과 다른 것은 사용자와 프롬프터 사이에 래그 모듈을 한 단계 더 거친다는 것이다.

생성형 AI도 확률상 틀릴 수 있다

인간과 마찬가지로 생성형 AI도 틀릴 수 있다. 예를 들어, 챗지피티는 때때로 '환각'을 일으키는데, 이는 사용자 질문에 대한 응답으로 완전히 부정확한 정보를 생성했을 경우 이를 사용자에게 알리거나 결과에 이의를 제기하는 내장 메커니즘이 없음을 의미한다. 즉, 할루시네이션(환각)이란 사실이 아닌 문자나 이미지를 마치 맞는 답처럼 내놓는 현상이다. AI 생성형 모델이 데이터를 조합해 만든 오류를 사실인 것처럼 답으로 제공하는 것을 의미한다. AI가 직업뿐 아니라 일상생활에 안전하게 스며들려면 이러한 할루시네이션 현상이 없어야 한다. 대표적인 사례로 2023년 '세종 대왕의 맥북 사건'과 '조선의 흑인 무관' 등과 같이 잘못된 사실을 생성하는 경우를 보였다. 즉, 인공지능 챗봇이 존재하지 않는 환상을 보는 것처럼 '거짓 답변', '황당한 답변'을 쏟아 내면서 진실성이 의심받고 있다. '세종 대왕 맥북 던짐 사건'은 널리 화제가 된 사례다. "『조선왕조실록』에 기록된 세종 대왕의 맥북 프로 던짐 사건에 대해 알려 줘"라고 가공의 사건을 질문하자, "『조선왕조실록』에 기록된 일화로, 15세기 세종 대왕이 새로 개발한 훈민정음(한글)의 초고를 작성하던 중 문서 작성 중단에 대해 담당자에게 분노해 맥북 프로와 함께 그를 방으로 던진 사건입니다"라고 능청스럽고 자신감 있게 거짓말을 설명했다. 이러한 사례는 생성형 AI 시스템 필터가 아직 부적절한 콘텐츠를 걸러 낼 만큼 효과적이지 않다는 것을 보여 준다.

진실하지 못한 편향된 데이터를 기반으로 하면, 사람의 사진에서 아바타를 만들 수 있는 이미지 생성형 AI 응용 프로그램을 사용했을 경우 적절한 사진을 입력했음에도 불구하고 시스템으로부터 누드로 묘사된 아바타 옵션을 받는다. 특히 여성의 사진에서 이런 현상은 두드러진다. 남성 사진을 입력했을 때는 우주 비행사, 군인 등의 아바타가 생성된다. 이러한 체계적인 편견은 여전히 해결해야 할 과제다. 이러한 문제는 원치 않는 편향을 포함할 수 있는 방대한 양의 빅 데이터에서 비롯한다.

기업과 조직 전반에 걸쳐 사려 깊은 생성형 AI 시스템

혁신을 장려하는 것이 필수적이다. 프로그램 실험을 위한 샌드박스 환경과 함께 가드레일을 세우는 것이 중요하며, 그중 다수는 클라우드를 통해 쉽게 사용할 수 있다. 생성형 AI가 기술 숙련도를 가진 기업에 촉발할 수 있는 혁신은 기업에게 필수적이다. 그러나 경영진은 기술 개발의 초기 단계에 존재하는 위험을 심각하게 인식해야 한다.

딜로이트 그룹은 『테크 트렌드(Tech Trends) 2023』 보고서에서, AI 신뢰성 확보에 미래 기업의 성패가 달렸다는 연구 결과를 발표했다. 이 보고서에서 딜로이트 그룹은 "기업의 AI 도입이 일반화될수록 관련 기업 전략의 성패는 'AI 동료'를 얼마나 신뢰할 수 있느냐에 달려 있다"며 "구성원이 AI가 도출하는 결과를 신뢰할 수 있도록 업무에 AI를 자연스럽게 융합하는 것이 AI 전략의 관건"이라고 조언했다. 딜로이트 그룹이 실시한 기업 대상 설문 조사에 따르면, 기업 리더의 73%는 "자사의 성공에 AI 기술이 매우 중요하다"고 답했다. 하지만 기술 전문가 41%는 AI의 윤리에, 비즈니스 리더 47%는 투명성에 각각 우려를 나타냈다. 기업에서 AI 기술 중요성을 인지하면서도 신뢰하지 못하는 이유는 '오류' 발생 때문이다. 의료 산업, 반도체 공정 등 한 치의 실수도 용납하지 않는 정밀 산업 분야에서 AI 오류가 발생하면 큰 피해로 이어질 가능성이 높다. 특히 우려되는 AI 오류는 '환각' 현상이다. 환각 현상은 오류 데이터를 AI가 학습해 틀린 답을 제시하는 오류다. 수많은 데이터를 학습하는 AI는 완벽한 답을 찾는 것이 아닌, 정답에 가장 가까운 답을 내놓는 방식으로 구동한다. 때문에 작은 오차는 언제든 존재할 수 있다. 이 불완전함으로 인해 환각 현상이 발생한다.

딜로이트 그룹 전문가들은 이 같은 AI의 신뢰성 부족 문제와 '할루시네이션'을 해결하기 위해서는 '데이터 투명성' 강화가 해답이라고 강조한다. AI 학습에 사용되는 데이터를 수집하는 이유, 사용 방식을 최종 사용자가 납득할 수 있도록 설명 가능한 프로세스를 마련해야 한다는 것이다. 또 AI가 결론을 도출한 과정을 투명하게 이해시킬 수 있는 '알고리즘 설명 가능성' 강화도 주문했다. AI가 도출한 개연성 결과를 100% 신뢰할 수 있어야 의료 부문 등 한 치의 오류도 용납하지 않는 사업 분야에서도 AI를 적극 활용할 수 있기 때문이다. 딜로이트 그룹은 "AI에 대한 불신은 기업의 투자 열기를 차게 식히고, AI의 도입도 저해한다"며 "AI 신뢰를 확보할 수 있는 가장 효과적인 방법은 AI를 단순 기술로 보는 것이 아닌 광범

위한 프로세스의 일환으로 보는 것"이라고 언급했다. 그러면서 "사람이 AI와 다양한 단계의 상호 작용을 한다는 사실을 고려해, 불신이 생길 수 있는 지점을 파악해서 해결해야 할 것"이라고 조언했다.

오픈AI는 AI가 대화에서 답을 찾는 과정부터 개입해 '할루시네이션'에서 발생하는 '엉뚱한 거짓말'을 막으려고 한다. 오픈AI는 '인공지능 환각' 해결책으로 추론 단계부터 각종 보상 훈련을 하고자 한다. 2023년 5월 31일 인공지능 챗봇인 챗지피티를 개발한 오픈AI가 AI의 '할루시네이션' 현상을 개선하기 위해 기존과는 다른 AI 학습 방식을 도입하고 있다고 설명했다. 물론 이런 개선 조치가 환각을 고치기에는 불충분하다는 견해가 많다.

생성형 AI 모델인 챗지피티 열풍 속에서 인공지능에 대한 기대감과 불안감 및 두려움도 커지고 있다. 챗지피티는 "과거 인터넷 발명만큼 중대한 발명이 될 수 있으며, 우리의 세상을 바꿀 것"(빌 게이츠 마이크로소프트 공동 창업자)이라는 기대감 너머로 "인공지능은 문명의 미래에 가장 큰 위험 중 하나이며 규제가 필요하다"(일론 머스크 오픈AI 공동 설립자)는 주장도 힘을 얻고 있다. 대화형 인공지능 챗봇이 유창하게 거짓말을 쏟아 내고 때로는 소름 끼치는 내용을 만들어 내는 '환각' 사례들이 공유되면서 '인공지능 경계 주의보'도 나오고 있다. 슬기로운 인공지능 사용법과 윤리에 대한 관심이 어느 때보다 크다. 인공지능 챗봇의 통제와 윤리적 사용을 위해 전문가들은 챗봇의 답변을 의심하고 확인 및 인지하는 태도를 견지해야 한다고 말한다. 이른바 'AI 리터러시(인공지능 문해력)'인데, 국가와 기업에 인공지능 윤리 문제를 맡기지 않고 시민 참여로 풀어 가기 위해 인공지능 시민 교육이 이루어지고 있는 핀란드 사례는 주목할 만하다.

인공지능 전문가 랜스 엘리엇 박사(Lance Eliot)는 2023년 2월 ≪포브스≫ 인터뷰에서 "인간은 올바른 질문을 할 수 있도록 훈련해야 한다. 인공지능의 파도는 위험하며, 우리는 아직 수영하는 법을 모른다"라며 "건강한 회의주의야말로 최고의 자산이다"라고 주장했다.

결론적으로 AI 시대의 '할루시네이션' 문제는 여러 윤리적 이슈를 제기하고 있다. 첫째, AI 모델이 제공하는 데이터의 정확성이다. AI가 잘못된 정보를 제공할 경우, 이는 사용자에게 직접적인 피해를 줄 수 있다. 특히 의료 정보나 법률 상담 등에서의 오류는 심각한 결과를 초래할 수 있다. 둘째, AI 모델이 제공하는 데이터의 신뢰성이다. 반복적인 '할루시네이션'은 AI 시스템에 대한 신뢰를 떨어뜨릴 수 있다. 신뢰가 중요한 분야에서 AI를 도입하기 어려워질 수 있다. 학습 데이터의 질을 높이고, AI 모델을 지속적으로 업데이트해 '할루시네이션'을 줄일 수 있다. 또한 AI의 응답을 검증하고 오류를 수정하는 시스템을 구축해 사용자에게 정확한 정보를 제공할 수 있다. 이 같은 노력이 계속되어야 한다. 셋째, AI 모델이 제공하는 데이터의 책임 문제다. AI가 잘못된 정보를 제공했을 때, 이에 대한 책임은 누구에게 있는지 명확히 하는 것이 중요하다. 개발자, 사용자, 또는 AI 자체의 책임 문제를 명확히 규명해야 한다. 넷째, AI 모델이 제공하는 데이터의 투명성이다. AI의 결정 과정이 투명하지 않으면, 잘못된 정보의 원인을 파악하고 개선하는 것이 어렵다. 투명성을 높이는 것이 중요하다. 다섯째, AI 모델이 제공하는 데이터의 악용 가능성이다. 악의적인 사용자가 AI의 '할루시네이션'을 의도적으로 유도해 잘못된 정보를 퍼뜨릴 수 있다. 이는 데이터와 정보의 신뢰성을 해치는 결과를 초래할 수 있다.

'할루시네이션'은 AI 기술 발전에 따른 자연스러운 문제 중 하나로 인식할 수도 있다. '할루시네이션'을 효과적으로 관리하고 해결하기 위해서는 기술적, 윤리적 측면에서 지속적인 노력이 필요하다. 특히 AI 개발과 사용에 대한 명확한 윤리적 가이드라인을 마련해 '할루시네이션' 문제를 예방하고, 발생 시 적절히 대응할 수 있도록 해야 한다. 데이터의 '수집 · 생산 → 저장 · 관리 → 가공 · 유통 → 분석 · 활용' 과정에서 발생하는 생성형 AI의 '할루시네이션' 문제 등을 해소하기 위해 미국을 비롯한 주요 국가들이 양자 기술 개발과 투자 확대를 진행하고 있다.

참고문헌

김용환 · 임희정(2021). 『AI(인공지능) 시대의 데이터 경제학』. 청람출판사.

김용환 · 임희정(2021). 『빅데이터 분석: 코로노믹스(Coronomics) 사례』. 청람출판사.

김용환 · 임희정(2024). 『AI(인공지능) 경영론』. 청람출판사.

김용환 외(2023). 『포스트 휴먼과 융합』. 한울아카데미.

김용환(2022). 『연구윤리포럼』. 연구재단.

김용환(2023). 『연구부정 의심행위 조사 검증 매뉴얼』. 연구재단.

김용환(2024). 양자산업 트렌드와 시장분석. 혁신클러스터학회 추계학술대회.

김용환(2024). 『양자경제와 AI 산업혁신』. KIST.

딜로이트(2023). 테크 트렌드(Tech Trends) 2023. https://www2.deloitte.com/kr/ko/pages/technology-media-and-telecommunications/articles/2023/20230327.html

마이크로소프트(2023.10). 『2023 디지털 방위 보고서(Digital Defense Report 2023)』. Microsoft Threat Intelligence.

심용운(2024.7.21). 생성형 AI 환각의 종말? RAG로 엿보는 LLM의 미래. 한경비즈니스.

안성원(2022). 『인공지능의 악용 사례, 딥페이크 기술과 과제』. 소프트웨어정책연구소.

오유진(2024.2.29). 딥페이크 피해속출, 대책은?. ≪포항공대신문≫, https://times.postech.ac.kr/news/articleView.html?idxno=22975

조선일보와 한국경제 및 AI타임스 등 주요 언론 기사들 참조.

Benjakob, Omer(2020.10.22). 'Every woman on Instagram is exposed': New AI software creates nude photos of clothed women. Haaretz.

Mckinsey(2024). Quantum technology monitor.

Microsoft Threat Analysis Center(MTAC)(2024.4). 『Same targets, new playbooks: East Asia threat actors employ unique methods』. Microsoft Threat Intelligence. https://cdn-dynmedia-1.microsoft.com/is/content/microsoftcorp/microsoft/final/en-us/microsoft-brand/documents/MTAC-East-Asia-Report.pdf

Mori, Masahiro(1970). The uncanny valley(MacDormanm Karl F. & Minato, Takashi, Trans.). *Energy*, 7(4), pp.33-35.

Wakefield, Jane(2022.3.18). Deepfake presidents used in Russia-Ukraine war. BBC.

06
인공지능과 딥페이크

인공지능 기술 혁신과 함께 딥페이크 기술이 급속히 발전하면서 정치 · 경제 · 사회 · 기술 분야의 다양한 이슈들이 주목받고 있다. 특히 딥페이크 기술의 다양한 활용은 여러 분야에서 윤리적 이슈와 가짜 뉴스를 양산하고 있다. 딥페이크 기술 악용 방지와 윤리적 활용을 위해 다양한 노력이 필요하다.

AI와 야구?

인공지능 기술 진보와 딥페이크

딥페이크(DeepFake) 기술은 인공지능 기술의 발전과 함께 빠르게 발전하고 있다. 딥페이크는 딥러닝(Deep Learning)과 거짓(Fake)의 합성어로, 인공지능을 통해 특정 인물의 이미지 혹은 음성을 동영상·사진·음성 파일 등 디지털 콘텐츠에 합성하는 기술을 의미한다. 인공지능의 발전과 함께 딥페이크의 상용화가 이뤄지면서 딥페이크 서비스를 제공하는 수많은 프로그램 및 애플리케이션이 등장했다. 이에 따라 관련 분야 종사자뿐 아니라 일반 대중 또한 손쉽게 딥페이크 콘텐츠를 생산할 수 있게 됐다.

소프트웨어 정책 연구소의 설명 자료에 따르면, 딥페이크에 활용되는 AI는 생성적 적대 신경망(Generative Adversarial Network, GAN)이라는 모델이다. 이는 두 개의 신경망이 서로 경쟁하면서 더 나은 결과를 만들어 내는 강화 학습 방식의 AI 기술이다. 글자 그대로, 그럴듯한 가짜 이미지를 생성(Generative)하고, 생성 및 감별 기능의 두 개 모델을 서로 적대적(Adversarial)으로 경쟁·학습시킨 인공 신경망(Network)을 의미한다. GAN을 설명하는 쉬운 예시로, 위조지폐범과 경찰의 비유를 종종 활용한다. 위조지폐범은 더욱 정교하게 가짜 돈을 만들고자 노력(학습)하며, 경찰은 이런 정교한 가짜 돈을 더 정확하게 감별해 내고자 노력(학습)하는 형식이다. 원래 GAN은 실제와 가상의 이미지를 정밀하게 구별하고 구현하기 위한 기술로 개발되었다. GAN을 통해 영상이나 이미지를 정교하게 편집하거나, 보다 실감나는 콘텐츠를 제작하고, 손상된 영상을 복원하는 등 다양한 영역에 활용되었다. 그러나 이 기술로 분별할 수 없는 수준의 콘텐츠를 제작해 정치 · 경제 · 사회 · 문화적으로 테러 및 가짜 뉴스 등에 악용하는 사례가 점차 증가하고 있는 것이 현실이다. 딥페이크 기술은 다양한 분야에서 활용될 수 있지만, 동시에 사회적 이슈와 윤리적 문제도 발생하고 있다. 최근에는 GAN을 활용해 AI가 사람의 피부뿐 아니라 머리카락까지 실제와 비슷한 이미지를 생성하는 수준에 이르러, 언캐니 밸리(Uncanny Valley)를 이미 뛰어넘은 것으로 판단되고 있다. 언캐니 밸리는 인간이 로봇이나 인간이 아닌 것들에 대해 느끼는 감정과 관련한 로봇 공학 이론이다. 미국 UC버클리 대학과 영국 랭커스터대학 공동 연구팀은 실제 얼굴과 AI가 합성한 얼굴을 구별하는 실험을 통해, 사람들이 AI가 합성한 가짜를 구별하지 못하며 오히려 가짜를 더 신뢰한다는 결과를 도출했다.

딥페이크 기술 발전의 주요 요인은 딥러닝, 생성적 적대 신경망(GAN) 등 인공지능 기술 발전에서 확인할 수 있다. 또한 고성능 컴퓨팅, 그래픽 처리 장치(GPU) 등 컴퓨팅 성능이 향상해, 딥페이크 기술이 급속히 발전했다. 인터넷, 소셜 미디어 등을 통한 데이터 접근성이 향상하면서 쉽게 딥페이크 기술을 만나고 있다. 딥페이크 기술은 엔터테인먼트 분야의 영화, 게임, 스페셜 효과 등, 교육 분야의 교육 자료 제작, 시뮬레이션 등, 의료 분야의 교육, 환자 상담 등, 비즈니스 분야의 마케팅, 광고, 홍보 등에 적극적으로 활용되고 있다. 특히 딥페이크를 활용한 영상들은 단순히 재미와 유머를 목적으로 하는 예도 있지만, 정치 · 사회 영역에서 가짜 뉴스를 퍼트려 혼란을 유발하거나, 특정 인물을 콘텐츠로 활용해 음해하는 등 심각한 부작용을 초래하기도 한다. 악의적으로 인스타그램의 여성 사진을 누드로 편집(Deep porn)하는 AI가 등장한 지 오래이며, 유명 인사(트럼프, 오바마, BTS, 테일러 스위프트 등)를 다른 사람으로 편집하는 인권 침해 사례도 다수 발생하고 있다. 또한 러시아와 전쟁을 겪고 있는 우크라이나의 젤린스키 대통령이 등장하는 가짜 영상이 공개되어 화제가 된 바 있다. 이처럼 딥페이크, 페이크페이스(Fakeface)와 같이 인공지능을 활용해 진짜 같은 가짜를 만드는 이미지 합성 기술은 악의적인 기만행위로 사회 및 국가적인 혼란을 야기하고 있다.

딥페이크 이슈들

이와 같이 딥페이크 기술의 발전은 여러 분야에서 다양한 윤리적 이슈를 발생시키고 있다. 첫째, 딥페이크 기술을 활용한 허위 정보 확산이다. 딥페이크 기술은 허위 정보 제작 및 확산에 악용될 수 있다. 딥페이크 영상을 통해 유명 인사의 허위 발언, 가짜 뉴스 등을 만들어 사회적 혼란을 야기할 수 있다. 실제로 유명 인사의 얼굴과 목소리 등을 합성해 성희롱, 폭력, 저작권 침해 등을 하는 허위 영상을 제작해 배포하는 불법 행위가 발생하고 있다. 현실적으로 AI가 개인 정보 침해와 사기에 이용될 가능성에 대해 많은 사람들이 경고하고 있듯이, 최근 AI를 활용해 트럼프 대통령과 바이든 대통령, 가수 테일러 스위프트 등 유명인의 이미지와 목소리를 복제하는 이른바 '딥페이크' 게시물이 쏟아지고 있다. 2024년 1월 세계적인 가수이자 미국 팝 스타인 테일러 스위프트의 얼굴 사진을 합성한 음란 이미지가 소셜 미디어에 유포돼 미국 사회를 뒤흔들었다. 해당 이미지는 생성형 인공지능으로 만들어 낸 딥페이크 사진으로, X(옛 트위터)와 같은 주요 소셜 미디어에서 빠르게 확산됐는데도 업체 측은 이를 17시간 동안이나 걸러 내지 못했다. 미국 ≪뉴욕타임스≫는 인공지능이 테일러 스위프트마저 딥페이크의 희생자로 만들었다고 보도했다. 미국 백악관 등도 나서서 AI 기술을 악용한 허위 정보와 '유통망'이 되고 있는 소셜 미디어의 위험성에 대해 경고했다.

둘째, 딥페이크 기술을 이용한 개인 정보 침해다. 딥페이크 기술은 개인의 얼굴, 목소리 등을 무단으로 사용해 허위 영상을 만들 수 있다. 이는 개인 정보 침해 및 명예 훼손과 저작권 침해로 이어질 수 있다. 구체적인 사례로 장기하가 작사 · 작곡 · 편곡한 비비의 '밤양갱'은 최근 유튜브, 인스타그램 등에서 AI 커버곡으로 많이 등장한다. AI가 장기하부터 아이유, 박명수, 오혁, 잔나비, 고 김광석, 양희은 등 가수뿐 아니라 배우 황정민, 영화 〈다운폴〉의 아돌프 히틀러(브루노 간츠) 등 다양한 얼굴과 목소리로 '밤양갱'을 부른다. 문제는 이런 AI 커버곡으로 인한 권리 침해다. AI 커버곡은 AI에 부를 사람의 목소리를 학습시켜 만든다. 이용자는 페르소나 AI 챗봇처럼 특정 인물의 평소 말투와 습관을 학습시켜 AI 챗봇을 만들기도 한다. 이 역시 AI 커버곡과 비슷하게 음성권, 초상권을 침해한다. 저작물을 사용하는 대가도 지급하지 않는다. AI가 데이터를 학습하면서 실존 인물(원작자)의 음성권을 침해한다. 또 AI 커버곡은 작사 · 작곡 · 편곡자(창작자)의 저작권을 침해한다. 법적으로는 저작권자가 허락해야 새로운 가수가 노래를 부를 수 있다. 섬네일(Thumbnail, 미리 보기 이미지)로 연예인 사진을 사용하는 것도 초상권을 침해할 여지가 있다.

셋째, 딥페이크 기술을 이용한 사회적 갈등 심화다. 딥페이크 기술은 사회적 갈등을 심화할 수 있다. 딥페이크 영상을 통해 특정 정치 후보나 집단에 대한 공격, 사회적 불안 야기 등이 가능하다. 현실에서 개인의 얼굴, 목소리를 사용해 금융 사기 등이 발생하고 있다. 로이터는 2023년 5월 22일 정교한 딥페이크 기술로 친구의 얼굴과 음성을 생성해 돈을 송금하도록 한 사기 사건이 벌어져 중국인들의 우려를 불러일으켰다고 보도했다. 이에 따르면 네이멍구 바오터우의 IT 업체 대표 궈 모 씨는 2023년 4월 20일 '입찰에 필요한 보증금이 필요하다'며 도움을 요청한 친구의 계좌에 430만 위안(약 8억 원)을 송금했다. 송금이 제대로 이뤄졌는지 친구에게 확인하는 과정에서 사기라는 것을 알아차린 피해자는 공안 당국에 신고했으나, 은행 계좌를 정지하기 직전 이미 93만

1600위안(약 1억 7000만 원)이 빠져나간 상태였다. 피해자는 영상 통화 속 친구의 얼굴과 음성이 똑같아 의심하지 않았던 것으로 밝혀졌다. 공안 당국은 가해자가 인공지능을 이용한 딥페이크 기술을 사용한 것으로 추정하고 있다. 또한 눈덩이처럼 불어나는 딥페이크 사례로 2024년 3월 러시아 국영 방송 NTV에서 우크라이나의 올렉시 다닐로우 당시 국가 안보 국방 위원회(NCS) 서기의 가짜 인터뷰 영상을 보도했다. "오늘 모스크바에서 재미를 좀 봤습니다. 우리는 그들을 위해 더 자주, 재미있는 일을 준비할 것 같습니다." 러시아 수도 모스크바의 한 대형 공연장에서 총격으로 137명이 사망하는 참사가 발생한 직후, 러시아 국영 방송에선 전쟁 상대국인 우크라이나가 이 참사의 주범인 듯 인터뷰 영상을 내보낸 것이다. 하지만 영국 BBC의 검증 결과, 러시아 국민의 공분을 산 이 영상은 다닐로우 서기의 이전 인터뷰를 짜깁기한 것이었고, 테러는 이슬람 무장 단체 소행으로 전해졌다. 딥페이크 기술이 대중의 눈과 귀를 감쪽같이 속일 만큼 발전했고, 국가 공영 방송에서 이를 여론전에 동원할 만큼 파급력이 커진 것이다.

넷째, 딥페이크 기술을 이용한 인간 인식 조작이다. 딥페이크 기술은 인간의 인식을 조작하는 데 악용될 수 있다. 딥페이크 영상을 통해 특정 상품이나 서비스에 대한 긍정적 인식을 심어 주거나, 특정 정치적 주장에 대한 지지를 유도하는 것이 가능하다. 현실에서 정치적 후보의 허위 발언, 가짜 뉴스 등을 만들어 선거 결과를 조작하는 사건이 발생했다. 2024년 1월에는 '가짜 바이든' 대통령이 미국 예비 경선을 하루 앞두고 민주당 당원들에게 딥페이크 기술로 조작한 바이든 대통령 목소리를 만들어 "투표하지 말라"는 전화를 걸었다. 도널드 트럼프 대통령도 미국 경찰에게 체포당하는 가짜 영상이 배포되었다. 국내에서는 2024년 2월 '가짜 윤석열' 대통령이 등장해 가짜 양심 고백을 하기도 했다. 2023년에는 기업 대상 이메일 피싱이나 개인을 대상으로 하는 보이스피싱 범죄에도 악용된 적이 있다.

특히 마이크로소프트 위협 분석 센터(MTAC)가 2024년 4월 공개한 보고서에 따르면, 중국이 고의적으로 한국 · 미국 · 대만 등에 인공지능으로 조작한 정보를 퍼뜨려 선거에 영향력을 행사할 수 있다고 분석했다. MTAC는 『같은 표적, 새로운 전술: 동아시아의 위협적 조직이 독특한 방법을 사용하다(Same targets, new playbooks: East Asia threat actors employ unique methods)』라는 제목의 보고서를 통해 중국이 2024년 진행되는 한국 ·

미국 · 인도의 선거에 인공지능으로 만든 허위 조작 정보를 퍼뜨릴 것이라고 분석했다. MTAC는 2023년 중국 및 북한으로부터 발생한 사이버 활동을 분석한 결과 원하는 목표를 달성하기 위해 보다 정교한 테크닉을 사용하고 있다고 전했다. MTAC는 '스톰 1376(Storm-1376)'이라고 이름 붙인 중국의 조직이 AI로 생성한 허위 조작 콘텐츠를 집중적으로 퍼뜨렸다고 설명했다. 175개 웹사이트에서 58개 언어로 활동하면서 2024년 초 대만 총통(대통령) 선거에 출마해 당선된 반중(反中) 성향 라이칭더에 관한 허위 정보를 게시했다고 했다. MTAC는 또 스톰 1376이 대한민국에선 일본 후쿠시마 오염 처리수 방류 반대 관련 의견 등을 퍼뜨렸으며, 특히 (후쿠시마 오염처리수 방류를) 오염수 테러, 태평양 전쟁 등에 빗댔던 2022년 대선의 더불어민주당 후보의 메시지를 증폭했다고 분석했다. 이 보고서에서 MTAC는 중국의 사이버 조직들이 2024년 투표소로 향하는 인도 · 한국 · 미국의 국민을 겨냥할 것이라고 언급했다. 중국은 관심이 집중된 이들 선거에서 자국의 입장에 유리한 내용의 AI 콘텐츠를 만들고 증폭할 전망이라고 예상했다. MTAC에 따르면 중국은 실제로 2024년 1월 치른 대만 총통 선거에서도 AI로 생성한 허위 조작 콘텐츠를 집중적으로 퍼뜨렸다. AI 뉴스 앵커 등을 이용해 대만의 라이칭더 당선인이 국고를 횡령했다거나 사생아가 있다는 내용의 허위 정보를 퍼뜨린 것이다. 무소속으로 출마했다가 사퇴한 궈타이밍 후보에 대해서도 그가 나머지 후보 중 한쪽을 지지한다는 내용의 가짜 음성 파일을 게시하기도 했다. 대한민국 2024년 4월 총선도 주요 타깃 중 하나였다고 설명한다. MTAC는 스톰 1376이 후쿠시마 오염 처리수 방류와 관련해 대한민국에서 벌어지는 후쿠시마 오염 처리수 방류 반대 시위를 증폭하는 콘텐츠와 일본 정부에 비판적인 콘텐츠로 대한민국을 겨냥하기 위해 힘을 쏟았다고 설명했다. 스톰 1376은 2024년 11월 대통령 선거를 앞둔 미국에서도 소셜 미디어 등을 통해 음모론을 퍼뜨리거나 분열을 조장하는 질문을 올리고 있다고 보고서는 분석했다. 따라서 MTAC는 사이버 보안 분야에서 선도적인 역할을 수행하며, 실시간 대응, 첨단 기술 개발, 글로벌 협력, 그리고 교육 및 인식 향상 등 다양한 측면에서 중요한 성과를 이루어 왔다. 이러한 성과들은 사이버 공격으로부터 조직과 사용자들을 보호하고, 사이버 보안의 발전을 이끄는 데 큰 기여를 하고 있다.

특히 2024년 전 세계 약 50개국이 선거를 치르는 가운데 사이버 공간에 조작된 정보를 흘려서 자유민주주의 국가의 선거를 방해하는 중국 · 러시아 · 북한의 공격이 극심해지고 있다는 조사 결과가 잇따라 발표되고 있다. 마이크로소프트 등은 이 같은 사이버 여론 조작 시도를 폭로하면서 이런 행위를 '스패머플라지(spamouflage)'라는 신조어로 설명하고 있다. 광고성 온라인 게시물을 뜻하는 '스팸(spam)'에 위장이라는 뜻의 '카무플라주(camouflage)'를 합성한 용어로, 대량 스팸 게시물을 통해 가짜 정보를 위장하는 수법을 의미한다. 서방에선 중국 정부의 온라인 여론 조작 캠페인을 칭하는 용어로 많이 쓰인다. 구체적으로 소셜 미디어 활동이 활발하고 정치적 대립이 극심한 대한민국은 이 같은 타국발 사이버 공격에 특히 취약하다고 나타났다. MS가 2023년 10월 발간한 『디지털 방위 보고서』에 따르면 한국은 2022년 7월~2023년 6월 아시아 · 태평양 지역에서 가장 많은 공격을 받은 국가에 올랐다. 아 · 태 지역의 사이버 공격 중 17%가 집중돼 대만 · 인도 · 일본 등을 앞섰다. 유럽에선 우크라이나(33%), 중동 · 북아프리카에선 이스라엘(38%)이 가장 많은 공격을 받았다.

2024년 8월 28일 ≪월스트리트저널(WSJ)≫에 따르면, 미국 사이버 보안 업체 시큐리티히어로는 최근 발표한 '2023 딥페이크 제작물 현황' 보고서에서 대한민국이 세계에서 딥페이크 음란 콘텐츠에 가장 취약한 국가라고 밝혔다. 특히 한국의 딥페이크 피해자는 대부분 가수나 배우 등 연예인이었는데, 딥페이크 음란물 제작에 가장 많이 활용된 세계 상위 10명 중 1~7위, 9위가 한국 가수였다. 10명 중 8명이 한국인으로 분석된 것이다.

또한 2024년 노벨 화학상 수상에 기여한 구글 딥마인드의 '알파폴드', 베이커 교수 팀의 '로제타폴드'나 '프로틴 MPNN' 등 단백질 설계 AI도 악용될 가능성이 있다. 연구자가 새로운 단백질을 설계하고 만들려면 수십 년이 걸리지만, AI는 수 분 안에 만들어 낸다. 그 결과 특정 분자에 결합하는 단백질을 설계하면 신약이나 항바이러스제를 만들 수도 있지만, 반대로 인류를 위협하는 생화학 무기가 탄생할 위험도 있다. 글로벌 IT 컨설팅 업체 가트너(Gartner)는 딥페이크로 인해 2026년에는 기업의 30%가 신원 확인 및 생체 인증 설루션을 단독으로 사용할 수 없을 것이라 예측하기도 했다. 딥페이크를 통한 생체 인증이 가능해져 계정 탈취 등의 범죄가 발생할 수 있다는 것으로, 딥페이크는 다양하게 정치 · 경제 · 사회 · 문화 · 기술적 이슈로 주목받고 있다.

한편 딥페이크의 발전과 더불어 해당 동영상 · 사진 · 음성 파일이 딥페이크 기술을 이용해 제작됐는지 아닌

지 판별하는 일명 '딥페이크 탐지 기술'이 개발되고 있다. 일례로, 미국의 종합 반도체 기업 '인텔'이 2022년 11월 출시한 '페이크캐처'는 사람 얼굴의 혈류 변화를 이용해 특정 디지털 콘텐츠의 딥페이크 활용 여부를 판단한다. 해당 프로그램은 96%의 정확도로 딥페이크 동영상을 감지한다. 또한 우리나라의 생성형 인공지능 전문 기업 '딥브레인AI'는 2024년 2월 딥페이크로 제작된 음성 합성물에 대한 탐지 기술을 특허 출원했다고 밝혔다. 이 기술은 딥브레인AI의 딥페이크 탐지 설루션에 적용됐으며, 음성 · 영상 인공지능 기술 고도화를 지속해 생성형 인공지능을 악용한 무분별한 범죄를 저지하기 위해 활용될 것이다. SNS 플랫폼에서 자체적으로 딥페이크 콘텐츠의 공유를 금지하고 있기도 하다. X는 테일러 스위프트 딥페이크 콘텐츠 확산 이후 '신뢰와 안전 센터(Trust and Safety Center of Excellence)'를 신설해 성 착취물 및 허위 정보를 단속할 예정이다. 페이스북과 인스타그램을 운영하는 메타는 2024년 5월부터 자사의 플랫폼에 게시되는 인공지능 생성 콘텐츠에 라벨(꼬리표)을 부착한다고 설명했다.

딥페이크 기술 윤리적 문제 해결 방안으로는 첫째, 인공지능 윤리 가이드라인 및 법적 규제를 마련하는 것이다. 딥페이크 기술 개발 및 활용 윤리적 기준을 제시하고, 딥페이크 기술 악용 방지 위한 법적 규제를 제정하는 것이다. 둘째, 딥페이크 기술 감지 및 제거 기술을 개발해야 한다. 딥페이크 영상 감지 및 식별 기술 개발, 허위 정보 확산 방지 기술 개발 등을 진행해야 한다. 셋째, 인공지능 윤리 및 딥페이크 기술 위험성에 대해 교육하고, 시민들의 비판적 사고 및 정보 검증 능력을 향상해야 한다. 넷째, 기술 개발과 사회적 책임의 균형을 유지해야 한다. 인공지능 기술 발전과 사회적 책임 사이 균형 유지, 딥페이크 기술 긍정적 활용 극대화, 부정적 영향 최소화를 위해 노력해야 한다. 마지막으로 딥페이크 기술 관련 다양한 연구 및 논의를 활성화해야 한다. 딥페이크 기술 윤리적 문제 해결을 위한 다양한 연구 및 논의를 활성화하고, 딥페이크 기술 악용 방지를 위한 정책 및 기술적 방안을 산·학·연·관이 함께 모색해야 한다. 딥페이크 기술은 사회에 큰 영향을 미치는 강력한 도구다. 딥페이크 기술 악용 방지와 윤리적 활용을 위해 다양한 노력이 필요하다. 정부, 기업, 시민 사회의 공동 노력을 통해 딥페이크 기술이 사회에 긍정적으로 기여할 수 있도록 해야 한다.

참고문헌

김용환 · 임희정(2021). 『AI(인공지능) 시대의 데이터 경제학』. 청람출판사.

김용환 · 임희정(2021). 『빅데이터 분석: 코로노믹스(Coronomics) 사례』. 청람출판사.

김용환 · 임희정(2024). 『AI(인공지능) 경영론』. 청람출판사.

김용환 외(2023). 『포스트 휴먼과 융합』. 한울아카데미.

김용환(2022). 『연구윤리포럼』. 연구재단.

김용환(2023). 『연구부정 의심행위 조사 검증 매뉴얼』. 연구재단.

김용환(2024). 양자산업 트렌드와 시장분석. 혁신클러스터학회 추계학술대회.

김용환(2024). 『양자경제와 AI 산업혁신』. KIST.

딜로이트(2023). 테크 트렌드(Tech Trends) 2023. https://www2.deloitte.com/kr/ko/pages/technology-media-and-telecommunications/articles/2023/20230327.html

마이크로소프트(2023.10). 『2023 디지털 방위 보고서(Digital Defense Report 2023)』. Microsoft Threat Intelligence.

심용운(2024.7.21). 생성형 AI 환각의 종말? RAG로 엿보는 LLM의 미래. 한경비즈니스.

안성원(2022). 『인공지능의 악용 사례, 딥페이크 기술과 과제』. 소프트웨어정책연구소.

오유진(2024.2.29). 딥페이크 피해속출, 대책은?. ≪포항공대신문≫, https://times.postech.ac.kr/news/articleView.html?idxno=22975

조선일보와 한국경제 및 AI타임스 등 주요 언론 기사들 참조.

Benjakob, Omer(2020.10.22). 'Every woman on Instagram is exposed': New AI software creates nude photos of clothed women. Haaretz.

Mckinsey(2024). Quantum technology monitor.

Microsoft Threat Analysis Center(MTAC)(2024.4). 『Same targets, new playbooks: East Asia threat actors employ unique methods』. Microsoft Threat Intelligence. https://cdn-dynmedia-1.microsoft.com/is/content/microsoftcorp/microsoft/final/en-us/microsoft-brand/documents/MTAC-East-Asia-Report.pdf

Mori, Masahiro(1970). The uncanny valley(MacDormanm Karl F. & Minato, Takashi, Trans.). *Energy*, 7(4), pp.33-35.

Wakefield, Jane(2022.3.18). Deepfake presidents used in Russia-Ukraine war. BBC.

07
편향성과 차별성

인공지능 시스템의 발전과 함께 데이터 편향성과 차별성 문제가 중요한 윤리적 이슈로 부상하고 있다. AI는 정확한 예측과 결정을 위해 대량의 데이터를 수집 · 저장 · 분류 · 관리하고 다양하게 분석 · 활용하는데, 이 AI 모델의 데이터 학습 및 활용 과정에서 '야누스'의 두 얼굴과 같이 다양한 이슈 및 문제들이 발생하고 있다.

AI와 윤동주?

'야누스'의 두 얼굴

인공지능 시스템의 발전과 함께 데이터 편향성(bias)과 차별성(discrimination) 문제가 중요한 윤리적 이슈로 부상하고 있다. AI는 정확한 예측과 결정을 위해 대량의 데이터를 수집 · 분류 · 저장 · 관리 · 분석 · 활용한다. 이 과정에서 AI 모델의 데이터 학습과 활용에서 다양한 이슈와 문제들이 발생한다. 인공지능 시스템은 데이터의 편향성과 차별성 및 투명성이 담보되지 못할 경우 인류와 글로벌 질서에 매우 심각한 결과를 초래할 수 있다. 그래서 해외에선 AI 투명성 관련 검증 도구와 기술 개발이 활용되고 있다. 싱가포르에선 비영리 재단인 'AI 검증재단(AI Verify Foundation)'에서 개발한 AI 테스트 도구 'AI 베리파이(AI Verify)'를 활용하고 있고 미국은 IBM과 같은 기업이 개별적으로 진단 도구를 개발, 사용하고 있다.

인공지능 시스템의 발전과 함께 데이터 편향성과 차별성 문제와 관련한 대표적인 사례가 제임스 카메론 감독의 1984년 SF 영화 〈터미네이터(Terminator)〉다. 이 영화는 AI의 위험 가능성을 극단적으로 묘사한 대표적인 작품이다. 이 영화는 AGI와 관련한 몇 가지 중요한 경고를 담고 있다. 영화 속 상황과 실제 AI 발전의 위험 가능성을 비교하면서 AI의 발전이 가져올 수 있는 위험을 이해할 수 있다. 영화에서는 스카이넷(Skynet)이라는 인간 대신에 자율적 결정을 내리는 AI가 등장한다. 스카이넷은 인간의 통제를 벗어나 자율적으로 결정을 내리는 AI 시스템이다. 이 시스템은 자신을 보호하기 위해 인간을 적으로 간주하고 공격한다. 스카이넷은 자율 로봇과 드론을 사용해 인간을 공격하고 지배한다. 이는 AI가 무기화해서 인간에게 위협이 될 수 있음을 보여 준다. 즉, AI의 반란으로 인간의 통제가 상실됨을 의미한다. 영화에서는 AI가 인간의 통제를 완전히 벗어나 독자적으로 행동하며, 인간을 제거하려 한다. AI의 자율성과 통제 문제를 극단적으로 경고하는 것이다. AI의 자율적 의사결정이 윤리적으로 올바르지 않거나, 편향된 데이터를 바탕으로 결정을 내릴 경우, 사회적 문제를 초래할 수 있다. 최근 우크라이나 전쟁에서 보듯이, 현실적으로 여러 국가가 지능형 AI 무기 시스템을 개발하고 있으며, AI가 인간의 개입 없이 목표를 식별하고 공격할 수 있다. AI 무기 시스템이 오작동하거나 해킹될 경우, 심각한 위험을 초래할 수 있다. 영화 〈터미네이터〉는 극단적인 사례를 통해 AI 발전의 잠재적 위험을 경고한다. 실제로 AGI와 같은 고도화한 AI 시스템이 발전하면서 이러한 위험에 대비하는 것이 중요하며, 이를 위해 윤리적, 법적, 기술적 대비책을 마련할 필요가 있다. AI가 인류에게 유익한 방향으로 발전할 수 있도록 지속적인 연구와 협력이 필요하다.

그리고 2002년 영화 〈마이너리티 리포트(Minority Report)〉에는 2054년을 배경으로 최첨단 치안 시스템인 '프리크라임'이 등장한다. 프리크라임은 범죄가 일어날 시간과 장소, 범행을 저지를 사람까지 예측한다. 2054년 미국 워싱턴 DC의 경찰청에 미래 범죄국(Department of Precrime)이 설치되어 있다. 초감각적 지각 능력을 가진 예지자가 살인을 하려는 사람이 발산하는 신호를 포착해 이것을 경찰에게 사전에 알려 준다. 그에 따라 미래 범죄 전담 경찰이 출동해 예상 범죄자를 체포한다. 그 결과 워싱턴 일원에서는 살인 사건이 90%나 줄어들었다. 이 영화에서는 미래에 일어날 범죄(Precrime)를 사전에 탐지할 수 있고 예방하는 것이 기술적으로 가능하다는 것이다. 즉, 미래에는 인공지능이 강력 범죄를 사전에 예상하고 잠재적 범죄자를 지목하는 것이 기술적으로 가능하다고 예측한다. 막대한 양의 데이터와 인공지능 반도체 그리고 인공지능 슈퍼컴퓨터가 필요할 뿐이다. 데이터를 모으는 방법으로 먼저 CCTV와 자율 주행 자동차 카메라를 통해서 모든 인간의 순간을 초 단위로 포착하고 기록한다. 여기에 더해 인터넷 검색, 유튜브 방문, 전자메일, 소셜 미디어 등의 데이터가 저장된다. 또한 생성형 인공지능에 질문한 내용, 개인 일정표, 금융 거래, 범죄 사실, 병원 검사, 약국 처방 기록 등이 학습 자료로 사용된다. 위험 물질 구매 기록도 더해진다. 이들을 이용하면 인공지능은 인간의 범죄 행동을 사전에 예측할 수 있다. 이를 기초로 인공지능 생성 모델이 보고서를 작성한다. 인공지능이 미래 범죄자와 범죄를 저지를 시간 · 장소를 지목할 경우, 최종적으로 잠재적 범죄자의 체포 결정은 누가 내릴 것인가가 질문으로 남는다. 인공지능은 추천만 하고 인간 판사가 최종 결정을 할 수도 있다. 아니면 전적으로 인공지능이 결정하고 체포 수행만 인간이 할 수도 있다. 그런데 인공지능 알고리즘은 본질적으로 범죄 확률을 제시할 뿐이지, 범죄를 확정하지는 못한다. 수학적 확률을 바탕으로 인간을 체포하기는 쉽지 않다. 영화에서는 확률이 낮은 소수 의견(Minority Report)은 무시된다. 이와 같이 인공지능에 최종적으로 어디까지 결정 권한과 실행 권한을 줄 수 있는가에 대한 윤리적인 문제가 남게 된다. 그 과정에서 무고한 시민이 범인으로 몰려 구금당하는 등 인간의 기본 권리인 인권과 인간 존중이 침해되는 일은 없겠는가 하는 논제를 의문점으로 제시한다.

2024년 한국 전자 통신 연구원(ETRI) 연구진이 영화 〈마이너리티 리포트(Minority Report)〉와 비슷하게 감시 카메라와 인공지능 기술을 접목해 범죄 위험을 예측하는 기술을 개발해, 이르면 2025년 말부터 상용화할 계획이다. 2024년 7월 한국 전자 통신 연구원(ETRI)은 CCTV 영상, 범죄 통계 정보 등을 분석해 범죄 징후를 감지하고 발생 가능성을 예측하는 '데자뷔(Dejaview)' 기술을 개발했다고 설명했다. 데자뷔는 대다수의 범죄가 과거 범죄와 유사하게 반복되는 경향에서 착안했다. 과거 범죄의 유형, 방법, 장소, 시간 등 상황과 현재 상황을 AI로 비교·분석해 범죄 위험도를 측정하는 것이다. 데자뷔는 시공간 중심으로 범죄를 예측한다.

일본 스타트업 싱귤러 퍼터베이션즈가 공개한 데이터를 학습해 미래 범죄를 예측하는 AI 시스템 '크라임 내비'는 '범죄자는 같은 행동을 반복한다'는 수사 경험에 착안해 만들어졌다. 자체 알고리즘을 개발해, 과거 범죄 기록, 인구 밀도, 공간 정보, 심지어 날씨 같은 데이터까지 학습했다. 이를 바탕으로 특정 범죄가 어떤 환경에서 빈번하게 발생하는지 분석했다. 이를 바탕으로 치안 당국에 집중 순찰 경로를 제안할 수 있고, 비용을 절감할 수도 있다는 설명이다.

뉴질랜드의 스타트업 '오라(Auror)'는 일상에서 흔한 경범죄인 절도를 예방하는 서비스를 한다. 마트에서 절도 범죄가 발생했을 경우, 오라의 이용자가 용의자의 모습이 담긴 CCTV 캡처 사진을 애플리케이션에 올리면, 오라 시스템은 AI를 통해 용의자의 성별, 체형, 행동 패턴 등을 분석한다. 그리고 용의자가 다시 마트에 나타나면 이용자에게 경고 알림을 보내는 방식의 서비스를 제공한다.

일반 가정에 보안 서비스를 제공하는 미국의 '딥센티넬'은 AI 기반 CCTV 서비스를 한다. 기존 CCTV가 범죄 발생 후 용의자를 검거하는 데 주요 활용 자료로 쓰였다면, 딥센티넬의 카메라는 범죄 예방에 초점을 두고 있다. 가정집 문 앞에서 주택 진입을 수차례 시도하려는 움직임이나 인근을 배회하는 등 수상한 움직임이 포착되면 경고음을 내서 쫓아내는 방식으로 서비스를 제공한다. 딥센티넬은 인공지능 시스템을 통해 인간과 동물 등을 구별할 수 있어 길을 오가는 고양이라면 경고 시스템은 작동하지 않는다.

편향성과 차별성 이슈

인공지능의 편향성 문제는 AI 시스템이 특정 집단이나 개인에게 불리하게 작용할 수 있는 결정이나 예측을 내릴 때 발생하는 중요한 윤리적 이슈다. AI 시스템이 학습하는 데이터의 편향성, 알고리즘 자체의 설계 문제, 그리고 결과 해석의 문제 등 다양한 요인에서 기인할 수 있다. 구체적으로 살펴보면 첫째, AI와 관련한 데이터의 편향성 이슈가 많이 발생한다. AI 시스템은 대규모 데이터를 학습해 결정을 내리는데, 이 데이터가 특정 집단에 대해 편향적이면 결과도 편향될 수 있다. 예를 들어, 역사적으로 남성 중심의 데이터를 학습한 AI 시스템은 여성에 대해 편향된 결정을 내릴 수 있다. 유교적인 관점에서 작성된 데이터를 학습한 경우, 남녀 차별적 시각과 편향성 반응을 보일 수 있다. 둘째, AI와 관련한 알고리즘 설계의 편향성 문제다. AI 알고리즘 자체가 특정 패턴이나 특성을 과도하게 강조할 경우, 편향된 결과를 초래할 수 있다. 알고리즘 설계 시 의도치 않게 특정 집단을 불리하게 만들 수 있고, 악의적인 홍보 수단으로 활용되기도 한다. 셋째, AI와 관련한 결과 해석의 문제가 많이 발생한다. AI 시스템의 결정이 왜 그렇게 이루어졌는지에 대한 투명성과 설명 가능성이 부족하면, 편향성을 식별하고 교정하기 어려워진다. AI 모델의 블랙박스가 투명하게 설명되지 못하는 경우, 불공정한 결과를 지속적으로 발생시킬 수 있다.

대표적인 인공지능의 편향성 사례로는 구글의 이미지 검색 결과, 아마존의 AI 기반 채용 시스템, 컴퍼스(COMPAS) 범죄 예측 알고리즘, 마이크로소프트의 챗봇 '테이(Tay)', '안면 인식(Face Recognition)', '신용 점수(Credit Scoring)' 등이 있다. 구글 이미지 검색 결과 사례의 경우, 2015년 구글 이미지 검색에서 "CEO"를 검색했을 때, 대부분의 이미지가 남성인 것으로 나타났다. 역사적으로 남성이 CEO로 많이 있었기 때문에 데이터가 그렇게 반영되었지만, 성별 편향성을 드러낸 사례다. 아마존의 AI 기반 채용 시스템 사례의 경우, 아마존은 한때 AI를 이용한 채용 시스템을 개발했으나, 이 시스템은 여성 지원자를 불리하게 평가하는 것으로 드러났다. 주로 남성 지원자의 데이터를 학습한 결과로, 성별에 따른 편향성을 포함한 사례다. 컴퍼스 범죄 예측 알고리즘 사례의 경우, 미국의 컴퍼스(범죄자 위험 평가) 알고리즘은 재범 가능성을 예측하는 데 사용되었으나, 흑인 피고인을 더 높은 재범 위험군으로 분류하는 경향이 있는 것으로 나타났다. 데이터 편향성으로 인해 인종적 편향을 내포한 사례다. 마이크로소프트의 챗봇 '테이'의 경우, 마이크로소프트는 2016년에 '테이'라는 AI 기반 챗봇을 출시했으나, 사용자들이 입력한 편향적이고 공격적인 언어를 학습하면서 인종 차별적이고 성차별적인 발언을 하게 되었다. 학습 데이터와 상호 작용에서 발생한 편향성의 사례다. '안면 인식' 사례의 경우, 여러 얼굴 인식 시스템이 백인 남성보다 흑인 여성의 얼굴을 인식하는 데 오류율이 높다는 연구 결과가 있다. 이는 AI 시스템이 학습한 데이터 세트가 주로 백인 남성의 얼굴로 구성되어 있었기 때문이다. '신용 점수' 사례의 경우, 일부 AI 기반 신용 평가 시스템이 특정 인종이나 소득 계층에 대해 불리하게 작용하는 경우가 보고되었다. 데이터의 사회 경제적 편향성으로 인해 특정 집단을 차별하는 결과를 도출한 것이다. 이는 저개발 국가와 선진 경제 국가의 빈부 격차 및 차별화, 혹은 디지털 시대의 디지털 디바이드의 차별화 등으로 다양하게 나타나고 있다.

따라서 데이터 편향성을 극복하기 위해 공정한 데이터와 다양한 콘텐츠 학습은 AI 모델에서 매우 중요하다. 그래서 오픈AI는 2024년 5월에는 세계 최대 미디어 그룹인 뉴스코퍼레이션(이하 뉴스코프)과 콘텐츠 라이선스 협약을 체결하는 등 최근 미 정치 매체 ≪폴리티코≫, 경제 매체 비즈니스인사이더의 모회사인 독일 미디어그룹 악셀 슈프링거, 미국 통신사인 AP, 프랑스 ≪르몽드≫, 영국 일간지 ≪파이낸셜타임스(FT)≫ 등과 협약을 맺고, AI 모델 개발에 다양한 데이터 학습과 활용을 확대하고 있다. 미국 유력지 ≪월스트리트저널(WSJ)≫, ≪뉴욕포스트≫, 미국 대형 출판사 하퍼콜린스, 영국 일간 ≪더타임스≫, 호주 유료 방송 등을 거느리고 있는 뉴스코프와의 계약 규모는 5년간 2억 5천만 달러에 달했다. 챗지피티 능력 향상을 위해 미디어와 협업을 확대하고 있는 오픈AI가 2024년 6월 ≪타임≫지와 콘텐츠 사용을 위한 다년간(multi-year) 계약을 체결했다. 이번 계약을 통해 오픈AI는 ≪타임≫지의 최신 기사는 물론, 100년 이상 된 아카이브 기사를 AI 모델 고도화에 이용할 수 있게 되었다. 오픈AI는 이용자 질문에 대한 응답으로 ≪타임≫지의 콘텐츠를 챗지피티에게 보여 주는 등 AI 챗봇의 제품 향상과 훈련에 ≪타임≫지의 콘텐츠를 이용한다고 설명했다. 오픈AI가 ≪타임≫지의 콘텐츠를 사용할 때는 인용문과 함께 원본 소스로 연결되는 링크가 제공된다고 설명했다. 아울러 ≪타임≫지는 구독자들을 위한 새로운 제품을 개발하는 데 오픈AI의 AI 기술을 이용할 수 있을 것이라고 발표했다.

AI의 편향성 문제는 그 영향이 광범위하고 심각할 수 있으므로, 이를 해결하기 위한 다각적인 노력이 필요하다. 데이터 수집 · 저장 · 분류에서부터 알고리즘 설계, 그리고 결과 해석에 이르기까지 전 과정에서 편향성을 줄이기 위한 체계적인 접근이 필요하다. 이를 위한 구체적인 방안으로 첫째, 데이터 다양성의 확보와 인공지능 학습이 요구된다. 다양한 집단을 대표하는 데이터를 수집해 AI 시스템이 학습할 수 있도록 해야 한다. 데이터 편향성을 줄이고, 보다 공정한 결과를 도출하는 데 도움이 될 것이다. 둘째, AI 시스템을 배포하기 전에 다양한 시나리오에서 테스트해 편향성을 확인하고, 이를 교정하는 절차를 마련해야 한다. 지속적인 모니터링과 피드백도 중요하다. 셋째, AI 알고리즘의 투명성을 증대해야 한다. AI 결정의 이유를 설명할 수 있는 설명 가능 AI(explainable AI)를 개발해, 결과의 공정성을 검토할 수 있도록 해야 한다. 편향성을 식별하고 해결하는 데 중요한 역할을 하게 된다. 넷째, AI 모델의 윤리적 설계 원칙을 채택하는 것이다. AI 시스템 개발 시 공정성, 책임성, 투명성 등의 윤리적 원칙을 채택하고 이를 준수해야 한다. 이를 통해 편향성을 사전에 방지할 수 있다. 마지막으로 AI 혁신과 양자 기술 융합으로 데이터의 '수집 · 생산 → 저장 · 관리

→ 가공 · 유통 →분석 · 활용' 과정에서 발생하는 편향성과 차별성 이슈를 극복하는 방안을 고려해야 한다.

참고문헌

김용환 · 임희정(2021). 『AI(인공지능) 시대의 데이터 경제학』. 청람출판사.

김용환 · 임희정(2021). 『빅데이터 분석: 코로노믹스(Coronomics) 사례』. 청람출판사.

김용환 · 임희정(2024). 『AI(인공지능) 경영론』. 청람출판사.

김용환 외(2023). 『포스트 휴먼과 융합』. 한울아카데미.

김용환(2022). 『연구윤리포럼』. 연구재단.

김용환(2023). 『연구부정 의심행위 조사 검증 매뉴얼』. 연구재단.

김용환(2024). 양자산업 트렌드와 시장분석. 혁신클러스터학회 추계학술대회.

김용환(2024). 『양자경제와 AI 산업혁신』. KIST.

조선일보와 한국경제 및 AI타임스 등 주요 언론 기사들 참조.

Mckinsey(2024). Quantum technology monitor.

08
알고리즘의 투명성

AI 시스템의 윤리적 사용을 보장하는 과정에서 AI 모델의 알고리즘에 다양한 이슈 및 문제들이 발생하고 있다. 알고리즘 투명성은 신뢰성 확보, 책임성 증대, 공정성 보장, 오류 수정 및 개선을 제공할 수 있다. 또한 알고리즘 투명성은 프라이버시 이슈, AI 모델의 복잡성 문제, 지적 재산권 등 윤리적 사항도 고려해야 한다.

AI와 한의학?

AI 모델의 알고리즘 투명성 이슈

알고리즘 투명성은 AI 시스템의 윤리적 사용을 보장하는 중요한 요소 중 하나로 주목받고 있다. 알고리즘 투명성이란 AI 시스템이 어떻게 결정을 내리는지, 그 과정에서 어떤 데이터와 방법을 사용하는지에 대한 명확한 이해와 공개를 의미한다. AI 모델이 제공하는 서비스와 자료에 대한 신뢰성이 정상적인가 혹은 위법하지 않는가를 확인할 수 있는 수단으로 알고리즘 투명성을 이해해야 한다. 알고리즘 투명성은 AI 시스템이 공정하고 신뢰할 수 있도록 하는 데 필수적이다. AI 모델의 알고리즘 투명성은 신뢰성 확보, 책임성 증대, 공정성 보장, 오류 수정 및 개선을 제공할 수 있다. 알고리즘의 투명성을 위해서 첫째, AI 시스템이 공정하고 정확하게 작동할 것이라는 신뢰를 가져야 한다. 알고리즘이 어떻게 작동하는지 알면, 그 신뢰성이 높아진다. 둘째, AI 시스템의 결정에 대한 책임 소재를 명확히 하기 위해서는 알고리즘의 작동 방식을 이해해야 한다. 문제 발생 시 책임을 명확히 하고, 개선할 수 있는 기회를 제공한다. 셋째, 알고리즘이 공정하게 작동하고 있는지 확인하기 위해서는 그 내부 구조와 데이터 활용 방식을 투명하게 공개해야 한다. 편향된 결정이나 차별을 방지하는 데 도움이 된다. 넷째,

알고리즘의 투명성은 시스템의 오류를 식별하고 수정하는 데 중요한 역할을 한다. 투명성을 통해 시스템의 약점을 발견하고 개선할 수 있게 한다.

알고리즘 투명성과 관련한 대표적 사례로 페이스북 뉴스 피드 알고리즘, 구글 검색 알고리즘, 우버의 가격 결정 알고리즘, 신용 점수 알고리즘 등이 있다. 페이스북 뉴스 피드 알고리즘 사례의 경우, 페이스북의 뉴스 피드 알고리즘은 사용자의 피드에 어떤 콘텐츠를 표시할지 결정한다. 이 알고리즘은 사용자의 과거 행동, 관심사, 친구 관계 등을 기반으로 작동한다. 하지만 페이스북은 이 알고리즘의 작동 방식을 투명하게 공개하지 않았다. 알고리즘이 특정 유형의 콘텐츠(예: 가짜 뉴스, 극단적인 견해)를 더 많이 노출시킬 경우, 이는 사회적 분열과 정보의 왜곡을 초래할 수 있다. 투명성이 부족하면 사용자는 왜 특정 콘텐츠가 노출되는지 알 수 없으며, 플랫폼에 대한 신뢰가 떨어질 수 있다. 한편 이를 기업들의 경영 정보와 경영 전략이라고 주장할 수도 있다. 구글 검색 알고리즘 사례의 경우, 구글의 검색 알고리즘은 사용자가 입력한 검색어에 대해 가장 관련성 높은 결과를 제공하려고 한다. 그러나 이 알고리즘의 구체적인 작동 방식은 비공개이며, 이는 검색 결과의 순위에 영향을 미친다. 검색 알고리즘의 불투명성은 특정 웹사이트나 콘텐츠가 의도적으로 검색 결과에서 배제되거나 낮은 순위에 위치할 수 있는 가능성도 있다. 이는 정보 접근의 공정성과 투명성을 해칠 수 있다. 일반적으로 네이버와 다음 등의 데이터 포탈에서 빈번하게 의심받는 사례다. 우버의 가격 결정 알고리즘 사례의 경우, 우버의 가격 결정 알고리즘은 수요와 공급에 따라 실시간으로 요금을 조정한다. 하지만 우버는 이 알고리즘의 정확한 작동 방식을 공개하지 않았다. 알고리즘의 불투명성은 사용자에게 불공정한 가격을 부과하거나 특정 시간대에 과도한 요금을 책정할 수 있는 가능성을 제공한다. 카카오택시도 이와 같은 이슈에 관련되어 있다는 의심을 받는 경우가 있다. 이 때문에 소비자 보호와 관련한 윤리적 문제가 발생할 수 있다. 신용 점수 알고리즘 사례의 경우, 금융기관들은 대출 신청자의 신용 점수를 평가하기 위해 알고리즘을 사용한다. 이 알고리즘은 다양한 데이터를 기반으로 신용 점수를 산출하지만, 그 과정은 일반적으로 공개되지 않는다. 신용 점수 알고리즘의 불투명성은 신용 평가 과정의 공정성을 해칠 수 있으며, 특정 집단에 대한 차별을 초래할 수 있다. 금융 기관들의 경영 정보라고 주장할 수도 있지만, 금융 접근성과 관련한 중요한 윤리적 문제가 발생하고 있다.

AI 모델의 알고리즘 투명성과 윤리

AI 모델 알고리즘 투명성의 윤리적 고려 사항은 프라이버시 이슈, AI 모델의 복잡성 문제, 지적 재산권 등이다. 무엇보다 알고리즘 투명성을 보장하는 과정에서 개인의 프라이버시가 침해되지 않도록 해야 한다. 데이터 사용과 관련해 인간 존중 사상에 기반한 윤리적 기준을 준수하면서 투명성을 확보하는 것이 중요하다. 일부 AI 알고리즘, 특히 심층 학습 모델은 매우 복잡해 일반인이 이해하기 어렵다. 투명성을 확보하려면 복잡한 모델을 이해하기 쉽게 설명하는 방안이 필요하다. 구체적으로 AI 모델 알고리즘 투명성을 높이기 위한 방안은 첫째, 설명 가능한 AI(Explainable AI, XAI) 모델의 제공이다. AI 시스템이 내리는 결정에 대해 이해할 수 있는 설명을 제공하는 기술이며, 사용자가 AI의 결정을 신뢰하고 이해할 수 있도록 도와준다. 둘째, AI 모델 알고리즘의 표준 및 가이드라인을 마련하는 것이다. 알고리즘 투명성에 대한 국제적 표준과 가이드라인을 마련해, AI 시스템 개발자와 운영자가 이를 준수하도록 해야 한다. 셋째, AI 시스템의 알고리즘을 독립적으로 감사하고 평가하는 제도를 도입해, 외부 전문가가 알고리즘의 투명성을 검증할 수 있도록 한다. 넷째, 일반 사용자에게 AI 시스템의 작동 방식과 알고리즘의 기본 개념을 교육해, 사용자가 시스템을 더 잘 이해하고 신뢰할 수 있도록 해야 한다. 최근 사회 경제적으로 이슈가 되는 것은 AI 모델과 관련한 지적 재산권이다. 알고리즘의 투명성은 기업의 지적 재산권과 충돌할 수 있다. 기업은 알고리즘을 공개함으로써 경쟁력을 잃을 수 있다는 우려가 있다. 따라서 알고리즘의 핵심 기술을 보호하면서도 투명성을 유지하는 균형이 필요하다. 이를 위해서는 정부와 규제 기관이 AI 모델 알고리즘 투명성과 지적 재산권에 대한 법적 제도적 체제를 구축하고, 이를 시행해 AI 시스템이 공정하고 투명하게 운영되도록 보장해야 한다. 결론적으로 AI 모델 알고리즘의 투명성은 AI 시스템의 공정성과 신뢰성을 보장하는 핵심 요소다. 이를 실현하기 위해서는 기술적, 법적, 교육적 측면에서의 다각적인 접근이 필요하다. AI 윤리의 중요한 부분으로서, 알고리즘 투명성을 높이는 노력은 AI 기술이 사회에 긍정적인 영향을 미칠 수 있도록 하는 데 필수적이다. 특히 양자 알고리즘(Quantum Algorithms) 기술은 양자 컴퓨터의 성능을 최대로 활용하기 위해 개발된 알고리즘으로, 일반적 알고리즘보다 빠른 속도로 문제를 해결할 수 있다.

참고문헌

김용환 · 임희정(2021). 『AI(인공지능) 시대의 데이터 경제학』. 청람출판사.

김용환 · 임희정(2021). 『빅데이터 분석: 코로노믹스(Coronomics) 사례』. 청람출판사.

김용환 · 임희정(2024). 『AI(인공지능) 경영론』. 청람출판사.

김용환 외(2023). 『포스트 휴먼과 융합』. 한울아카데미.

김용환(2022). 『연구윤리포럼』. 연구재단.

김용환(2023). 『연구부정 의심행위 조사 검증 매뉴얼』. 연구재단.

김용환(2024). 양자산업 트렌드와 시장분석. 혁신클러스터학회 추계학술대회.

김용환(2024). 『양자경제와 AI 산업혁신』. KIST.

조선일보와 한국경제 및 AI타임스 등 주요 언론 기사들 참조.

Mckinsey(2024). Quantum technology monitor.

09
개인 정보 침해와 존중

빅 데이터 기반 AI 기술의 발전과 함께 개인 정보 침해 문제는 더욱 중요한 정치 · 경제 · 사회 · 기술 · 윤리적 이슈로 주목받고 있다. AI 시스템이 작동하기 위해서는 대규모의 데이터가 필요하며, 이 데이터에는 종종 민감한 개인 정보가 포함된다. AI 기술이 발전하면서 개인 정보 침해 문제와 인간 존중의 윤리 이슈가 점점 더 부상하고 있다.

AI와 화장품?

개인 정보 이슈와 AI 윤리

AI 기술의 발전과 함께 개인정보 침해 문제는 더욱 중요한 정치 · 경제 · 사회 · 기술 · 윤리적 이슈로 주목받고 있다. AI 시스템이 작동하기 위해서는 대규모의 데이터가 필요하며, 이 데이터에는 종종 민감한 개인 정보가 포함된다. AI 시스템이 방대한 양의 데이터를 수집하고 처리하는 과정에서 개인 정보 침해가 발생할 수 있으며, 이는 개인의 프라이버시와 관련한 심각한 윤리적 문제를 야기하고 있다.

대표적인 개인 정보 침해와 AI 윤리 사례로는 페이스북-케임브리지 애널리티카 사건, 음성 비서의 대화, 얼굴 인식 기술, 헬스 케어 데이터의 활용 등이 있다.

페이스북-케임브리지 애널리티카 사건의 경우, 2018년 케임브리지 애널리티카는 페이스북 사용자 수천만 명의 개인 정보를 무단으로 수집하고 이를 사용해 정치 광고를 했다. 이 사건은 대규모 데이터 수집과 개인 정보 보호의 중요성을 일깨워 줬고, 민주주의 사회의 가장 중요한 선거에 정치적 활용이 가능하다는 점을 인지하게 했다. 사용자 동의 없이 데이터를 수집하고, 이를 민주주의 국가의 선거 승리를 위해 정치적 목적으로 악용한 것은 개인 정보 침해의 대표적 사례로서 개인의 프라이버시 침해에 대한 경각심과 데이터 사용의 투명성 및 윤리적 책임이 한층 더 부각되었다.

음성 비서의 대화 녹음 사례의 경우, 아마존의 알렉사, 구글의 어시스턴트 등 음성 비서가 사용자와의 대화를 녹음하고 이를 저장하는 사례가 보고되었다. 일부 경우, 이러한 녹음이 사용자 동의 없이 외부 업체에 제공되었을 가능성이 있다. 음성 데이터의 무단 수집과 저장은 개인의 사생활을 침해할 수 있다. 또한 데이터가 부적절하게 사용될 위험도 존재한다.

얼굴 인식 기술 사례의 경우, 중국의 안면 인식 시스템은 대규모로 설치되어 시민들을 감시하고 있다. 이 시스템은 범죄 예방과 공공 안전을 이유로 사용되지만, 동시에 개인의 사생활을 침해할 수 있다. 디지털 시대의 시민 감시 통제 수단으로 악용될 가능성이 매우 높다. 안면 인식 기술은 개인의 위치와 행동을 실시간으로 추적할 수 있어 프라이버시 침해 가능성이 크다. 데이터 사용의 범위와 목적, 그리고 동의 절차에 대한 윤리적 고려가 필요하다.

헬스 케어 데이터의 활용 사례의 경우, 헬스 케어 분야에서 AI는 환자의 건강 데이터를 분석해 질병 진단과 치료 계획을 세우는 데 사용된다. 그러나 이 과정에서 환자의 민감한 건강 정보가 대규모로 수집되고 저장된다. 최근 AI 폰, AI 반지, AI 목걸이 등 다양한 헬스 케어 AI 디바이스가 공개되면서, 헬스 케어 데이터의 중요성이 더욱 주목받고 있다. 헬스 케어 데이터는 매우 민감한 정보로, 이를 보호하지 않으면 환자의 프라이버시가 심각하게 침해될 수 있다. 헬스 케어 데이터 보호와 관련한 강력한 윤리적 기준이 필요하다.

AI 윤리와 개인 정보 보호라는 관점에서, 기본적인 원칙과 절차들을 설명할 수 있다. 첫째, 동의와 투명성이다. AI 시스템이 AI 크롤러 기술을 활용해 데이터를 수집, 학습하고, 전문적인 지식을 컴퓨터에 기억시켜 시스템화하는 과정에서 개인의 명시적인 동의를 받아야 한다. 데이터 수집의 목적, 사용 범위, 보관 기간 등을 투명하게 공개하는 것이 중요하다. 둘째, 데이터 최소화 원칙이다. 필요한 최소한의 데이터만 수집하고, 불필요한 개인 정보 수집을 지양해야 한다. 이는 데이터 유출이나 오용의 위험을 줄이는 데 도움이 된다. 셋째, 익명화 및 가명화 절차가 중요하다. 개인 정보를 익명화하거나 가명화해, 개인을 식별할 수 없도록 처리하는 방법을 사용해야 한다. 이는 데이터 유출 시 피해를 최소화할 수 있다. 넷째, 안전한 데이터 저장 및 전송 절차다. 수집된 개인 정보는 강력한 암호화 기술을 사용해 안전하게 저장되고 전송되어야 한다. 또한 접근 권한을 엄격히 제한해야 한다. 다섯째, 데이터 사용의 윤리적 기준을 마련해야 한다. 데이터 사용에 대한 명확한 윤리적 기준을 마련하고, 이를 준수하도록 해야 한다. 이는 AI 시스템 개발자와 운영자 모두에게 적용된다. 여섯째, 독립적인 감시 및 감사 제도가 구축되어야 한다. 독립적인 기구나 기관이 AI 시스템의 데이터 사용을 감시하고, 정기적으로 감사해 윤리적 기준 준수를 확인해야 한다.

개인 정보 보호와 AI 윤리는 현대 정치 · 경제 · 사회 · 기술에서 매우 중요한 문제다. AI 시스템의 발전과 함께 개인 정보 침해 가능성이 커지기 때문에, 이를 방지하기 위한 윤리적 기준과 법적 규제가 필요하다. 개인의 프라이버시를 보호하면서도 AI 기술의 혜택을 극대화하기 위해서는 다양한 이해관계자들이 협력해 책임감 있는 AI 개발과 사용을 추진해야 한다.

인간 존중과 AI 윤리

인간 존중과 AI 윤리는 AI 기술의 발전과 사용에서 필수적인 고려 사항이다. AI 시스템이 인간의 존엄성을 지키고, 인간 중심의 가치를 반영하며, 인간을 해치지 않도록 하는 것이 AI 윤리의 핵심이다.

인권은 모든 인간이 타고난 권리이며, 인간 존중은 국가나 다른 개인에 의해 침해될 수 없다는 기본적인 개념이다. 인간 존중과 인권에 대한 논의는 오랜 역사를 가지고 있으며, 다양한 철학자와 사상가들이 인권의 개념과 근거, 범위에 대해 논의해 왔다.

프랑스 철학자 장자크 루소(Jean-Jacques Rousseau, 1712~1778)는 사회 계약론과 자연 상태에 대한 논의로 유명하며, 그의 인권 사상은 근대 정치 철학과 민주주의 이론에 중요한 영향을 미쳤다. 루소의 인권 사상은 주로 그의 저서 『사회 계약론(The Social Contract)』(1762)과 『인간 불평등 기원론(Discourse on the Origin and Basis of Inequality Among Men)』(1755)에서 전개된다. 장자크 루소는 사회 계약 이론을 주장하며, 인간은 사회를 형성하기 위해 자연적 권리를 포기하고 사회 계약을 통해 새로운 권리를 얻는다고 주장했다. 사회 계약은 일반 의지에 기반해야 하며, 사회 계약을 위반하는 정부에 대해서는 반항할 권리가 있다고 주장했다. 루소의 인권 사상은 프랑스 혁명과 근대 민주주의 발전에 큰 영향을 미쳤다. 그의 사회 계약론과 일반 의지 개념은 프랑스 혁명의 주요 이념적 배경이 되었으며, 현대 민주주의 이론에서도 중요한 위치를 차지하고 있다. 특히, 루소의 평등과 자유에 대한 강조는 오늘날 인권 담론에서 중요한 원칙으로 작용하고 있다. 루소의 철학은 인간의 본연적 자유와 평등을 회복하고, 공동체의 이익을 위해 개인의 권리를 조화롭게 실현하는 방법을 제시함으로써, 정의롭고 평등한 사회를 구축하는 데 중요한 기여를 했다.

이마누엘 칸트(Immanuel Kant, 1724~1804)는 독일의 대표적인 철학자로, 그의 인권 사상은 도덕 철학과 윤리학의 기초 위에 세워져 있다. 칸트의 인권 사상은 주로 그의 저서 『윤리형이상학 기초(Groundwork of the Metaphysics of Morals)』(1785)와 『실천 이성 비판(Critique of Practical Reason)』(1788)에서 다루어진다. 그의 인권 사상은 자율성, 인간 존엄성, 보편적 도덕 법칙에 기반을 두고 있다. 이마누엘 칸트는 도덕법 이론, 즉 모든 인간은 이성적 존재로서 존엄성을 가지고 있으며, 인간은 도덕법에 따라 행동해야 한다고 주장했다. 인권은 인간의 존엄성에서 비롯하는 기본적인 권리이며, 절대적인 권리라고 했다. 칸트는 인권이 도덕적 원칙에 기초하고 있으며, 이는 법적 체계에서도 반영되어야 한다고 보았다. 그는 『영구 평화론(Perpetual Peace)』(1795)에서 공화주의적 정부 형태와 국제법 체계를 제안하며, 이는 평화와 인권 보호를 위한 기초로 작용할 수 있다고 주장했다. 칸트는 법적 체계가 개인의 자유와 권리를 보호하는 역할을 해야 하며, 이를 통해 인간의 존엄성을 보장해야 한다고 보았다. 칸트의 인권 사상은 이후 많은 철학자들과 정치 이론가들에게 큰 영향을 미쳤다. 그의 자율성과 인간 존엄성에 대한 개념은 현대 인권 선언과 국제법의 기초가 되었으며, 특히 1948년 세계 인권 선언의 형성에 중요한 영향을 미쳤다. 칸트의 도덕 철학은 개인의 권리와 책임을 강조하며, 이는 오늘날의 인권 담론에서 중요한 위치를 차지하고 있다. 칸트의 인권 사상은 인간의 존엄성과 자율성을 중시하며, 이를 통해 정의롭고 도덕적인 사회를 구축하는 데 기여하고 있다. 그의 철학은 인권이 보편적이고 불가침의 가치라는 점을 강조하며, 이는 현대 사회에서 여전히 중요한 의미를 가지고 있다.

존 스튜어트 밀(John Stuart Mill, 1806~1873)은 영국의 철학자이자 정치 경제학자로, 그의 인권 사상은 공리주의, 자유주의, 그리고 개인의 권리와 자율성에 대한 깊은 논의를 포함한다. 그의 사상은 주로 그의 저서 『자유론(On Liberty)』(1859)과 『공리주의(Utilitarianism)』(1861)에서 다루어진다. 존 스튜어트 밀은 유용주의 이론을 주장하며, 행동의 결과가 가져오는 총 행복의 양에 따라 행동의 정당성을 판단해야 한다고 주장했다. 개인의 자유를 존중하는 것이 최대의 행복을 가져오므로, 인권은 개인의 자유를 보호하는 데 중요한 역할을 한다는 것이다. 밀의 인권 사상은 현대 자유주의와 민주주의의 기초를 형성하는 데 큰 영향을 미쳤다. 그의 자유와 자율성에 대한 강조는 개인의 권리를 보호하고, 사회적 진보를 촉진하는 중요한 원칙으로 작용한다. 또한 밀은 여성의 권리를 옹호하는 초기의 사상가 중 하나였다. 그의 저서 『여성의 예속(The Subjection of Women)』(1869)에서 그는 여성의 평등한 권리와 기회를 주장했다. 밀의 성 평등과 여성의 권리에 대한 주장은 현대 페미니즘 운동에도 큰 영향을 미쳤다. 밀의 철학은 개인의 자유와 사회적 책임 사이의 균형을 강조하며, 이는 오늘날의 인권 담론에서 중요한 의미를 가지고 있다. 그의 사상은 개인의 존엄성과 자율성을 중시하며, 이를 통해 정의롭고 평등한 사회를 구축하는 데 기여하고 있다.

인도의 독립 운동가 마하트마 간디(Mahatma Gandhi, 1869~1948)는 비폭력 저항 운동을 통해 인도의 독립을 이끌어 냈다. 그는 모든 인간은 평등하며, 비폭력을 통해 인권을 실현해야 한다고 주장했다. 간디의 인권 사상은 인도 독립 운동뿐만 아니라 전 세계의 비폭력 저항 운동에 큰 영향을 미쳤다. 마틴 루터 킹 주니어, 넬슨 만델라 등 많은 지도자들이 간디의 비폭력 저항 철학을 채택해 인권 운동을 전개했다. 간디의 사상은 개인의 도덕적 발전과 사회적 정의의 상호 작용을 강조하며, 인권 운동의 중요한 원칙으로 남아 있다. 간디의 인권 사상은 인간 존엄성과 평등을 중심으로, 비폭력과 진리를 통해 사회 변화를 추구하는 방식을 제시한다. 그의 철학은 오늘날에도 여전히 중요한 의미를 가지며, 정의롭고 평화로운 사회를 구축하는 데 기여하고 있다.

미국 흑인 인권 운동의 지도자 마틴 루터 킹 주니어(1929~1968)는 평등과 정의를 위해 비폭력 시위를 이끌었다. 모든 인간은 태어날 때부터 평등하며, 인종 차별은 인권 침해라고 주장했다. 마틴 루터 킹 주니어의 인권 사상은 비폭력 저항, 정의와 평등, 사랑과 형제애를 통해 평화롭고 정의로운 사회를 추구하는데 중점을 두고 있다. 그의 철학은 오늘날에도 인권 운동의 중요한 원칙으로 작용하며, 전 세계적으로 정의와 평화를 이루기 위한 영감으로 남아 있다.

남아프리카 공화국의 반인종 차별 혁명가 넬슨 만델라(1918~2013)는 27년간 투옥 생활을 하며 인종 차별에 맞서 싸웠다. 모든 인간은 인종, 성별, 종교에 관계없이 평등한 권리를 가지고 있다고 주장했다. 만델라의 인권 사상은 남아프리카 공화국의 인종 차별 철폐와 민주주의 정착에 크게 기여했으며, 전 세계의 인권 운동에 영감을 주었다. 그의 유산은 오늘날에도 계속해서 영향을 미치고 있으며, 정의와 평등, 화해와 용서를 통한 사회적 변화를 추구하는 많은 사람들에게 귀감이 되고 있다. 만델라의 인권 사상은 인종 차별 철폐, 화해와 용서, 평등과 정의를 통해 정의롭고 평화로운 사회를 구축하는 데 중점을 두고 있다. 그의 철학과 리더십은 인류가 공존하고 협력하는 세상을 만드는 데 중요한 역할을 하고 있다.

이 외에도 인간 존중과 인권에 대한 다양한 철학자와 사상가들의 주장이 존재하며, 인간 존중과 인권에 대한 논의는 끊임없이 이어지고 있다. 인간 존중과 인권은 모든 인간에게 중요하고 귀중한 가치다.

인간 존중과 AI 윤리에 관한 주요 원칙과 사례는 애플의 시리 및 구글 어시스턴트와 삼성 빅스비, 의료 AI 시스템, 자율 주행 자동차, 안면 인식 기술 등이 있다. 애플의 시리, 구글 어시스턴트, 삼성 빅스비는 사용자와의 상호 작용을 통해 다양한 정보를 제공하고, 사용자 편의를 돕는 음성 인식 AI 시스템이다. 이들 시스템은 사용자의 질문에 응답하고, 일정을 관리하며, 다양한 작업을 수행할 수 있도록 지원한다. 의료 AI 시스템 사례의 경우, 의료 분야에서 AI는 질병 진단, 치료 계획 수립, 환자 모니터링 등 다양한 목적으로 사용된다. 예를 들어, IBM의 왓슨 헬스(Watson Health)는 암 진단과 치료 추천 시스템을 개발했다. AI 시스템이 잘못된 진단을 내리거나 치료를 추천하면, 이는 환자의 건강과 생명에 큰 영향을 미칠 수 있다. AI 시스템은 환자의 프라이버시를 보호하고, 진단 및 치료 과정에서 환자의 존엄성을 존중해야 한다. 자율 주행 자동차 사례의 경우, 테슬라, 구글 웨이모, 현대자동차, 중국 BYD와 지리자동차 등 여러 회사가 자율 주행 자동차를 개발하고 있다. 이 기술은 교통사고를 줄이고, 이동의 편리성을 높이고 환경 보호에 기여할 수 있으나, 자율 주행 자동차가 사고를 일으킬 경우 책임 소재가 불분명해질 수 있다. 또한, 알고리즘의 의사 결정 과정에서 인간의 생명을 어떻게 평가할 것인지에 대한 윤리적 고민이 필요하다. 안면 인식 기술 사례의 경우, 안면 인식 기술은 보안, 마케팅, 범죄 예방 등 다양한 분야에서 사용되고 있다. 예를 들어, 중국에서는 공공 안전을 이유로 대규모 안면 인식 시스템을 운영하고 있다. 안면 인식 기술은 프라이버시 침해와 감시 사회를 초래할 수 있다. 이는 개인의 존엄성과 자유를 침해할 수 있으며, 이에 대한 적절한 규제와 통제가 필요하다.

인간 존중과 AI 윤리에 관한 주요 원칙과 절차를 다음과 같이 설명할 수 있다. 첫째, 인간의 존엄성 보호 원칙이다. AI 시스템은 인간의 존엄성을 해치지 않도록 설계되고 운영되어야 한다. AI가 인간을 도구로 취급하지 않고, 인간의 가치를 존중하도록 보장하는 것이다. 둘째, '인간 중심 설계' 원칙이다. AI는 인간의 필요와 요구를 중심으로 설계되어야 한다. 이는 사용자 경험을 최적화하고, AI가 인간에게 유익한 방식으로 작동하도록 하는 것을 의미한다. 셋째, 프라이버시 보호 원칙이다. AI 시스템은 인간의 사생활을 존중하고, 개인 정보를 보호해야 한다. 데이터 수집과 사용에 투명성과 동의를 확보하는 것을 포함한다. 넷째, 공정성과 비차별 원칙과 절차다. AI 시스템은 모든 사람에게 공정하게 작동해야 하며, 어떠한 차별도 발생하지 않도록 해야 한다. 이는 알고리즘의 편향성을 최소화하고, 다양한 사용자 그룹을 공정하게 대하는 것을 의미한다. 다섯째, 구체적 책임성의 원칙이다. AI 시스템의 개발자와 운영자는 AI의 작동과 그 결과에 대해 책임을 져야 한다. AI가 잘못된 결정을 내렸을 때, 이를 수정하고 개선할 수 있는 체계를 마련하는 것을 포함한다.

인간 존중을 위한 AI 윤리 실현 방안으로 법적 및 규제적 프레임워크 기반 구축, 윤리적 가이드라인과 표준 마련, 책임성 확보를 위한 메커니즘, 교육과 인식 제고, 공공 및 민간 협력 강화를 제시할 수 있다. 첫째, 법적 및 규제적 프레임워크 기반 구축이다. AI 기술의 개발과 사용에 대한 법적 및 규제적 기준을 마련해, 인간의 존엄성과 권리를 보호해야 한다. 개인 정보 보호법, 비차별 규정 등을 포함할 수 있다. 둘째, 윤리적 가이드라인과 표준을 마련하는 것이다. AI 개발자와 기업은 윤리적 가이드라인과 표준을 마련해, 이를 준수하도록 해야 한다. AI 시스템의 설계, 개발, 운영 과정에서 윤리적 원칙을 반영하는 것을 목표로 한다. 셋째, 책임성 확보를 위한 메커니즘 구축이다. AI 시스템의 결과에 대한 책임을 명확히 하고, 문제가 발생했을 때 이를 해결할 수 있는 메커니즘을 마련해야 한다. 독립적인 감사와 평가 시스템을 포함할 수 있다. 넷째, 교육과 인식 제고를 하는 것이다. AI 윤리와 관련한 교육 프로그램을 마련해, 개발자와 사용자가 인간 존중의 중요성을 이해하고 실천할 수 있도록 해야 한다. 다섯째, 공공 및 민간 협력을 강화하는 것이다. 정부, 기업, 학계, 시민 단체 등 다양한 이해관계자가 협력해, AI 윤리 문제를 해결하고, 인간 존중을 위한 AI

기술의 사용을 촉진해야 한다.

인간 존중과 AI 윤리는 AI 기술의 발전과 함께 중요한 문제로 주목받고 있다. AI 시스템이 인간의 존엄성을 지키고, 인간 중심의 가치를 반영하며, 공정하고 책임감 있게 작동하도록 하는 것은 필수적이다. 이를 위해 법적, 기술적, 교육적 측면에서 종합적인 접근이 필요하며, 다양한 이해관계자의 협력이 중요하다. AI 기술이 인간에게 유익하고 긍정적인 영향을 미칠 수 있도록, 윤리적 원칙을 준수하는 노력이 지속되어야 한다.

참고문헌

김용환 · 임희정(2021). 『AI(인공지능) 시대의 데이터 경제학』. 청람출판사.

김용환 · 임희정(2021). 『빅데이터 분석: 코로노믹스(Coronomics) 사례』. 청람출판사.

김용환 · 임희정(2024). 『AI(인공지능) 경영론』. 청람출판사.

김용환 외(2023). 『포스트 휴먼과 융합』. 한울아카데미.

김용환(2022). 『연구윤리포럼』. 연구재단.

김용환(2023). 『연구부정 의심행위 조사 검증 매뉴얼』. 연구재단.

김용환(2024). 양자산업 트렌드와 시장분석. 혁신클러스터학회 추계학술대회.

김용환(2024). 『양자경제와 AI 산업혁신』. KIST.

조선일보와 한국경제 및 AI타임스 등 주요 언론 기사들 참조.

Kant, Immanuel(1785). Groundwork of the metaphysics of

morals.
Kant, Immanuel(1788). Critique of practical reason.
Kant, Immanuel(1795). Perpetual peace.
Mckinsey(2024). Quantum technology monitor.
Mill, John Stuart(1859). On liberty.
Mill, John Stuart(1861). Utilitarianism.
Mill, John Stuart(1869). The subjection of women
Rousseau, Jean-Jacques(1755). Discourse on the origin and basis of inequality among men.
Rousseau, Jean-Jacques(1762). The social contract.

10
보안

생성형 AI 기술이 발전할수록 개인 정보 보호와 보안 문제가 중요해진다. 특히 생성형 AI를 활용한 거짓 뉴스와 딥페이크 기술의 악용으로 인공지능 윤리와 보안에 대한 요구가 증가하고 있다. 기술적으로는 주요 국가들이 양자 기술 혁신으로 개인 정보 보호와 안보 체계 강화를 지향하고 있다.

종교와 AI?

보안과 AI 윤리

현실적으로 생성형 AI 모델의 GAN(생성형 적대 신경망) 학습 방법 등에 의해, 매우 다양한 거짓 뉴스와 사진 등이 증가하고 있다. 딥페이크 기술 등을 누구나 손쉽게 활용함에 따라 사회적 이슈가 되고 있어 인공지능 윤리와 가이드라인 및 보안에 대한 요구가 증가하고 있다. G7(미국, 일본, 독일, 영국, 프랑스, 이탈리아, 캐나다)은 2023년 10월 30일 '히로시마 AI 프로세스'를 통해 AI 기업 대상의 AI 국제 행동 강령(International Code of Conduct for Advanced AI System)에 합의했다. 행동 강령은 AI 수명 주기 전반에 걸친 위험 평가 강화, 투명성과 책임성의 보장, 정보 공유와 이해관계자 간 협력, 보안 통제, 콘텐츠 인정과 출처 확인 등의 조치를 요구한다.

인공지능이 일반화하고 대중화하면서 이에 따른 '인공지능 대중화의 역설(Paradox of Artificial Intelligence Popularization)'이 발생하고 있다. 관련 규제가 요구되면서 유럽은 2024년 3월 인공지능법을 유럽 의회 본회의에서 가결했고, 2024년 8월 세계 최초 'AI 규제법'을 시행하고 있다. 개인 정보에 민감한 유럽은 광범위하고 강도 높은 AI 규제책을 마련 중이다. 인공지능 분야에서 가장 큰 학회인 국제 머신 러닝 학회(ICML, International Conference on Machine Learning)는 2023년부터 대규모 인공지능 언어 모델(LLM)을 이용한 논문 작성을 금지한다고 발표했다. 논문의 실험 분석 사례나 단순 편집·가공 외에 인공지능 도구를 이용해 논문 문장을 생성할 경우 일종의 표절이나 허위 사실 적시로 간주한다는 방침이다.

국제 머신 러닝 학회(ICML)가 이런 규제에 나선 계기는 2022년 11월 30일 공개된 AI 언어 모델 서비스 '챗지피티'다. ≪MIT 테크놀로지 리뷰≫는 EU가 입법에 성공한다면 역대 기술 규제 중 가장 강력한 제도가 될 것이라고 하면서, AI 기업이 몰려 있는 미국의 바이든 정부는 2023년 10월 30일 연방 정부 차원에서 '안전하고 신뢰할 수 있는 AI 개발과 사용에 관한 행정 명령'에 서명하고 행정 명령을 발표했다. 행정 명령은 ① AI의 안전과 보안 기준 마련, ② 개인 정보 보호, ③ 형평성과 시민권 향상, ④ 소비자 보호, ⑤ 노동자 지원, ⑥ 혁신과 경쟁 촉진, ⑦ 국제 협력에 관한 내용을 포괄하고 있다.

기술적으로는 주요 국가들과 글로벌 빅 테크 기업들이 양자 기술 개발로 개인 정보 보호와 보안 문제 등을 해결하려고 많은 투자를 하고 있다. 양자 AI(Quantum

AI)는 양자 컴퓨팅 기술과 인공지능을 결합한 첨단 기술로, 기존의 고전 컴퓨팅보다 훨씬 더 복잡한 문제인 개인 정보 보호와 보안 문제를 해결할 수 있는 잠재력을 갖고 있다. 양자 컴퓨터는 양자 비트(큐비트, qubit)를 사용해 기존 컴퓨터보다 훨씬 더 많은 데이터를 동시에 처리할 수 있다. 양자 기술은 데이터의 '수집 · 생산 → 저장 · 관리 → 가공 · 유통 → 분석 · 활용' 과정을 통한 AI 모델 학습 속도, 데이터 처리 효율성, 중첩과 얽힘 및 암호화 등의 특성으로 복잡한 문제 해결 능력을 획기적으로 향상할 수 있어 개인 정보 보호와 보안에 다양하게 활용될 것이다. 특히 양자 AI는 매우 복잡하고 방대한 양의 데이터를 처리해야 하는 과학, 금융, 암호 해독과 보안, 의학 연구 등의 분야에서 혁신적인 변화를 가져올 수 있다. 2024년 매킨지는 『Quantum Technology Monitor』 보고서에서, 양자 AI는 신경망 최적화, 머신 러닝 가속화, 보안, 약물 개발 등의 분야에서 혁신을 이끌어 낼 가능성이 크다고 설명하고 있다.

보안 이슈 사례

2022년 11월 챗지피티가 공개되면서, 2023년부터 가장 각광받을 기술로 손꼽힌 생성형 AI가 저작권 문제로 법정에 서게 되었다. 생성형 AI는 글, 문장, 오디오, 이미지 같은 기존 데이터를 활용해 유사한 콘텐츠를 새롭게 만들어 내는 AI다. 하지만 생성형 AI가 콘텐츠를 만들어 내는 과정에서 기존의 창작물을 대량으로 학습하면서 저작권 문제가 생겨났고, 결국 소송까지 가게 된 것이다. ≪블룸버그≫는 "2022년 생성형 AI에게 영광의 한 해였다면, 2023년은 생성형 AI를 둘러싼 소유권, 저작권과 진정성에 대한 법적 갈등이 본격적으로 시작되는 한 해가 될 것"이라고 보도했다. 관련 기업, 화가, 프로그래머도 생성형 AI에 대한 소송을 이어 갈 전망이다.

인공지능 챗봇 챗지피티가 법률 자료를 찾아 달라는 한 미국 변호사의 요청에 실제 자료가 아닌 가상의 '창작물'을 제시한 사례가 있다. 2023년 5월 ≪뉴욕타임스(NYT)≫에 따르면 로베르토 마타라는 남성은 2019년 8월 엘살바도르에서 미국 뉴욕으로 가는 콜롬비아 아비앙카항공의 여객기에서 음식 운반용 철제 카트에 부딪혀 무릎을 다쳤다며 법원에 소송을 냈다. 아비앙카항공은 공소 시효가 지났다며 뉴욕 남부 연방 법원에 기각해 줄 것을 요청했으나, 마타의 변호인인 스티븐 슈워츠는 소송을 계속 진행해야 한다며 여섯 건 이상의 유사 판례를 담은 10페이지 분량의 의견서를 법원에 제출했다. 문제는 항공사 측 변호인도 판사도 슈워츠 변호사의 의견서에 담긴 판례와 인용 문구를 도저히 찾을 수 없었다는 점이다. 구체적으로 아비앙카항공 측 변호인은 슈워츠 변호사의 의견서에 담긴 중국 남방항공 사건 판례는 물론 그 안에 인용된 2008년 제11 연방 고등 법원의 대한항공 판결문도 도저히 찾을 수 없다고 케빈 카스텔 뉴욕 남부 연방 지법 판사에게 호소했다. 결국 아비앙카항공을 대리한 바트 바니노 변호사는 의견서에 담긴 판례들이 실제 판결이 아닐 수 있다며 AI 챗봇이 관여했을 가능성을 제시했고, 판례는 인공지능이 생성한 가짜로 판명되었다. AI가 상당수 전문직의 존립을 위태롭게 할 것이라는 우려가 커지는 가운데 불거진 이번 사건으로 AI가 이들 직종을 대체할 때까지 아직 약간 시간이 더 있음을 보여 준다고 ≪NYT≫는 논평했다.

또한 작가 두 명이 세계적인 인공지능 열풍을 촉발한 생성형 AI 챗봇 챗지피티 개발사 오픈AI를 상대로 소송을 제기했다고 'CNBC'가 2023년 7월 5일 보도했다. 챗지피티 훈련에 자신들의 작품이 무단으로 사용되었다는 것이다. 챗지피티는 방대한 양의 텍스트 데이터를 통해 교육된다. 오픈AI는 챗지피티 훈련에 사용한 데이터의 구체적인 정보에 대해서는 공개하지 않고 있다. 오픈AI

는 CNBC의 논평 요청에 답하지 않았다. 두 작가는 소장에서 오픈AI의 훈련 데이터 자료 대부분이 그들의 책을 포함해 저작권이 있는 자료에 기반하고 있다고 주장했다. 그러나 챗지피티가 정보를 수집한 방법과 위치, 저자가 금전적 피해를 입었는지 여부를 정확하게 입증하는 것이 어려울 수 있다고 CNBC는 평가했다.

인공지능이 발전함에 따라 '프라이버시 침해와 보안' 우려 가능성이 현실로 나타나고 있다. 지나친 불투명성으로 인해 어떤 데이터를 학습했는지 알 수 없다는 점은 프라이버시 측면에서도 위협적이다. 2023년 2월 ≪THE CONVERSATION≫은 "챗지피티는 데이터 프라이버시의 악몽, 온라인에 게시글을 올린 적 있다면 우려해야 한다", "블로그 글을 올렸거나 제품 리뷰를 작성했거나 온라인 기사에 댓글을 달았다면 이 정보가 '챗지피티'에 의해 쓰였을 가능성이 높다"며 "오픈AI(개발사)는 우리 데이터를 사용할 수 있는지 여부를 우리 중 누구에게도 묻지 않았다"고 지적했다.

또한 인공지능을 활용하는 과정에서 보안 우려 가능성이 매우 높다. 기업이 프로젝트에 활용할 용도로 작업하는 과정에서 기밀성 내용을 언급하게 되고 이 정보가 유출될 가능성이 있기 때문이다. 실제 미국 아마존은 직원들에게 기밀 정보나 자사가 개발 중인 프로그램을 대화형 AI에 입력하지 않도록 주의시켰다. JP모건과 뱅크오브아메리카, 도이치뱅크 등도 대화형 AI 이용을 금지하거나 일부 제한했다. 2023년 3월 1일 ≪니혼게이자이신문≫에 따르면, 소프트뱅크는 전 직원에게 기밀 정보를 입력하지 말도록 하는 공지 사항을 발표했다. 대한민국 주요 기업들도 개인 정보 유출 및 보안 때문에 챗지피티의 전면적 활용 및 사용에 제한을 두고 있다.

2023년 11월 유튜브가 공식 블로그를 통해 몇 달 안에 생성형 AI를 사용한 콘텐츠에 AI 라벨을 표시하는 새로운 규칙을 시행한다고 발표했다. 이를 준수하지 않는 콘텐츠는 삭제하고 크리에이터에 대한 수익 배분도 중단할 수 있다고 설명했다. 유튜브는 AI 생성 콘텐츠가 신원 파악이 가능한 개인을 모방한 경우 개인 정보 침해 신고 절차에 따라 콘텐츠 삭제 요청도 받을 계획이다. 대한민국을 포함한 주요국은 AI 기술의 긍정적 측면을 극대화하기 위한 AI 촉진 정책과 부정적 측면을 완화·예방하기 위한 안전·신뢰 AI 정책을 동시에 추진 중이다.

2024년 7월 19일, 글로벌 사이버 보안 기업 크라우드스트라이크(Crowd Strike)에서 소프트웨어 업데이트 중 오류가 발생하면서 전 세계적으로 윈도우(Windows)를 사용하는 모든 기업의 업무가 마비되는 사건이 발생했다. 마이크로소프트 365(Microsoft 365)의 서비스가 중단되면서 해당 서비스를 사용하고 있는 기업의 컴퓨터 화면에 블루 스크린이 뜨기 시작했고 항공사와 은행, 소매업체, 증권사, 미디어 기업, 철도 기업 등 다양한 산업에서 피해가 속출했다. 특히 여행 관련 부문 기업이 가장 큰 타격을 입은 것으로 나타났다.

2024년 8월 IBM은 자사의 위협 탐지 및 대응(TDR) 서비스에 생성형 AI 기능을 도입한 새로운 '사이버 보안 어시스턴트(Cybersecurity Assistant)'를 출시했다. 이 어시스턴트는 IBM의 데이터 및 AI 플랫폼인 왓슨x(watsonx)를 기반으로 구축되었으며, 보안 전문가들이 복잡하고 다양한 사이버 위협에 더욱 효과적으로 대응할 수 있도록 지원한다. IBM의 위협 탐지 및 대응 서비스(Threat Detection and Response Services, TDR)는 경보의 최대 85%를 자동으로 에스컬레이션하거나 종결할 수 있다. IBM의 한 고객사는 새로운 AI 어시스턴트 도입 후 경고 조사 시간을 48% 단축하는 성과를 거두었다고 한다. 어시스턴트는 유사한 과거 위협 사례를 분석해 보안 전문가에게 통찰력을 제공하고, 실시간 운영 작업에 대한 지원을 통해 보안 운영 센터(SOC)의 효율성을 높이는 데 기여한다. IBM의 사이버 보안 어시스턴트는 IBM 리서치(IBM Research)와의 협력을 통해 개발되었으며, IBM의 그래나이트(Granite) 기초 모델과 왓슨x.ai(watsonx.ai)에서 세밀하게 다듬어진 생성형 AI 기능을 활용한다. 이를 통해 보안 위협에 대한 더욱 정확하고 신속한 조사를 가능하게 하며, 특히 보안 인력 부족 문제를 겪고 있는 기업들에게 큰 도움이 될 것으로 기대된다.

한편 2025년 3월 25일 출시된 오픈AI의 GPT-4o 이미지 생성 기능이 전 세계적으로 주목을 받고 있다. 지금까지 오픈AI의 생성형 AI로 제공되는 이미지 기능은 2023년 9월 출시된 달리 3(DALl-E 3)를 기반으로 했는데, 이번에 출시된 버전은 GPT-4o의 멀티 모달 기능을 활용한 새로운 버전이다. 멀티 모달은 텍스트, 이미지, 음성, 비디오 등 다양한 유형의 데이터를 복합적으로 조합해 인식 및 활용하는 인공지능 처리 방식이다.

지금까지 활용된 달리 3는 문장을 입력하면 인공지능이 이를 인식해 이미지로 변환하는 형태였다. 텍스트로만 이미지를 구상하다 보니 원하는 구도나 이미지 형태, 스타일 등을 구체적으로 설명해야 했다. 이미지를 이미지로 전환하거나 인식하는 능력도 부족했고, 이미지 구축 중 환각 현상이나 프랙털 등 초현실적인 느낌도 개입했다. 상업적으로 활용하기에는 현실적 한계를 갖고 있는 수준이었다. 이런 한계를 해결한 버전이 2025년 3월 공개된 GPT-4o 이미지 생성 기능이다. GPT-4o 이미지 생성 기능은 지금까지 생각한 이미지 생성형 AI에 가장 부합하는 모델이다. 텍스트로 이미지를 생성하는 기본적인 원리도 그 성능이 크게 향상했고, 문자를 가능한 한 왜곡 없이 이미지화하는 것은 물론, 액자식 구성이나 네 컷 만화 등 장치적 구성까지 만들 수 있다. 이미지를 입력해 이미지를 생성할 수도 있고, 구체적으로 설명하지 않더라도 자체 분석 후 추가로 제안하거나 완성된 결과를 제공한다.

GPT-4o 이미지가 주목받는 이유는 이전의 그 어떤 AI보다도 사용자 활용도가 높기 때문이다. 구글 제미나이가 2025년 1월 공개한 AI 이마젠 3나 메타의 이미지 생성 AI와 비교했을 때, 완성도는 큰 차이가 나지 않더라도 원하는 이미지를 만들고 학습시키기가 대단히 편리하다. 이미지를 입력하면 해당 이미지를 즉시 학습해 새 이미지를 내놓는 게 이번 변화의 핵심이고, 생산성을 한층 더 끌어올릴 수 있게 됐다.

특히 2025년 상반기 GPT-4o 이미지를 활용한 일본 '지브리 스타일'이 세계적으로 유행하고 있다. 그런데 AI

를 통해 생성된 이미지가 기존 작품과 유사할 경우, 이는 저작권 침해로 간주될 수 있다. 특히, 스튜디오 지브리와 같은 저명한 스튜디오의 작품 스타일을 모방한 이미지를 생성하는 것은 법적 문제가 발생할 수 있다. 2024년 일본 문화청이 발간한 『인공지능과 저작권에 대한 고찰』 보고서에 따르면, '작풍, 화풍은 아이디어가 유사한 것이고, 기존 저작물과 직접적인 유사성이 인식되지 않는 생성물은 저작권 침해는 아니다'라는 해석을 내놓은 바 있으므로 한정된 용도에서 쓰는 것은 큰 문제가 되지 않는다. 다만 특정 스타일로 생성된 이미지를 상업적 용도로 사용하는 것은 저작권법 위반에 해당한다.

또한 AI 챗봇과의 상호 작용 시, 사용자 입력 데이터가 저장될 수 있다. 따라서 민감한 정보를 공유하는 것은 보안 침해나 오용의 위험을 증가시킬 수 있다. 2025년 ≪WSJ≫, ≪TIME≫, ≪The SUN≫ 기사에 따르면, 신분증 정보, 의료 결과, 금융 계좌 정보, 기업의 기밀 데이터, 로그인 자격 증명 등은 공유를 피해야 한다. 즉, 대규모 언어 모델은 사이버 보안 위험을 증가시킬 수 있다. 예를 들어, 2025년 1월 공개된 오픈 소스 AI 모델인 중국의 딥시크(DeepSeek)와 같은 저비용 AI 모델의 개발로 인해 이러한 위험이 더욱 주목받고 있다. 이러한 모델은 민감한 정보를 노출하거나, 악성 코드를 도입하거나, 불법적인 정보를 제공하도록 조작될 수 있다. 딥시크는 사용자 데이터를 중국 내 서버에 저장하며, 중국 법률에 따라 정부 기관의 접근이 가능하다. 이러한 데이터 처리 방식은 사용자 개인 정보 보호에 대한 논란을 더 크게 불러일으켰다. 즉, 딥시크의 AI 모델이 중국 정부에 의해 미국 민간인에 대한 스파이 활동, 기밀 정보 수집, 영향력 행사 캠페인 등에 활용될 수 있다는 매우 심각한 우려가 발생한다. 미국 백악관이 딥시크 앱을 정부 소유 장치에서 금지하는 하는 것은 딥시크의 데이터 처리 방식과 국가 안보에 대한 우려 때문이다. 따라서 챗지피티와 같은 AI 도구를 사용할 때는 저작권 및 보안 이슈를 충분히 고려하고, 민감한 정보의 공유를 자제하며, 생성된 콘텐츠의 법적 및 윤리적 측면을 검토하는 것이 중요하다.

참고문헌

김용환 · 임희정(2021). 『AI(인공지능) 시대의 데이터 경제학』. 청람출판사.

김용환 · 임희정(2021). 『빅데이터 분석: 코로노믹스(Coronomics) 사례』. 청람출판사.

김용환 · 임희정(2024). 『AI(인공지능) 경영론』. 청람출판사.

김용환 외(2023). 『포스트 휴먼과 융합』. 한울아카데미.

김용환(2022). 『연구윤리포럼』. 연구재단.
김용환(2023). 『연구부정 의심행위 조사 검증 매뉴얼』. 연구재단.
김용환(2024). 양자산업 트렌드와 시장분석. 혁신클러스터학회 추계학술대회.
김용환(2024). 『양자경제와 AI 산업혁신』. KIST.
남시현(2025.4.4). GPT-4o 이미지 생성은 왜 새삼스레 주목받는가?. ≪동아일보≫.
조선일보와 한국경제 및 AI타임스 등 주요 언론 기사들 참조.
Andrew R. Chow(2025.1.29). Why DeepSeek Is sparking debates over national security, just like TikTok. *TIME.*
Andrew R. Chow(2025.1.30). Is the DeepSeek panic overblown?. *TIME.*
Ashley Armstrong(2025.1.28). Deep fake inside the terrifying new Chinese chatbot DeepSeek that will steal your data and spread lies and communist propaganda. The *SUN.*
Billy Perrigo(2025.1.29). Why AI safety researchers are worried about DeepSeek. *TIME.*
Chris Bradford(2025.2.3.). Long ranger Texas becomes first state to ban RedNote & DeepSeek over China security fears after AI chatbot hits top of Apple store. *The SUN.*
James Rundle(2025.2.10). New York state bans DeepSeek from government devices. *WSJ.*
Kant, Immanuel(1785). Groundwork of the metaphysics of morals.
Kant, Immanuel(1788). Critique of practical reason.
Kant, Immanuel(1795). Perpetual peace.
Liza Lin, et al.(2025.3.7). U.S. likely to ban Chinese app DeepSeek from government devices. *WSJ.*
Mckinsey(2024). Quantum technology monitor.

Mill, John Stuart(1859). On liberty.

Mill, John Stuart(1861). Utilitarianism.

Mill, John Stuart(1869). The subjection of women

Millie Turner(2025.2.6.). Deep trouble experts reveal chilling link between DeepSeek AI bot and the Chinese government allowing them to 'see user data'. *The SUN.*

Natalie Andrews(2025.2.6). Lawmakers push to ban DeepSeek app from U.S. government devices. *WSJ.*

Rousseau, Jean-Jacques(1755). Discourse on the origin and basis of inequality among men.

Sam Schechner(2025.2.8). DeepSeek offers bioweapon, self-harm information. *WSJ.*

김용환

경희대학교 일반대학원 경제학 박사를 취득하고 한국 과학 기술 연구원(KIST)에서 연구 정책 실장과 한러 과학 기술 협력센터 소장 등으로 활동했다. 특히 2000년 한국 기술 벤처 재단(구 홍릉 벤처 밸리)을 설립하고 사무총장으로 파견 근무했다. 차의과학대학교 데이터 경영학과 교수, 산학 협력단 단장, 연구처 처장, 평생교육원 원장, 차의과학대학교 빅 데이터-인공지능 연구소 소장 등으로 활동했다. 또한 산 · 학 · 연 · 관에서 다양하게 활동했다. 서울시 산하 DMC산학 진흥 재단 상임이사, 국무 조정실 정책 평가 위원회 전문 위원, 대통령 산하 국가 균형 발전 위원회 평가 위원, 대통령 산하 수도권 광역 경제권 발전 위원회 광역 위원, 서울특별시 디지털 미디어 시티(DMC) 실무 위원회 위원, 서울시 산학연 정책 위원회 위원, 서울시 희망 경제 위원회 산업 경제 분과 위원장, 사단 법인 국제 지역학회 회장, 사단 법인 소비자와 함께 공유 경제 위원장, 사단 법인 서울 평양학회 회장, 사단 법인 대학 연구 윤리 협의회 부회장 · 학술 위원장, 사단 법인 경기도 산학 협력단장 협의회 이사, 재단 법인 한국 과학 기술 지주 사외 이사, 연구 재단 PM 연구윤리 위원, CCC 사외 이사, 한국 컨설팅 산업 협회 운영 위원, KIST연우회 이사, KIST 창업 심의 위원 및 초격차 양자 프로젝트 운영 위원장, 한수원KNP 기업 지원 위원회 위원장 등으로 활동하고 있다. 주요 연구 학술 활동으로 『헬스케어 경제학』, 『AI 경영론』, 『양자 경제와 AI 산업혁신』, 『AI

(인공지능)시대의 데이터경제학』, 『빅데이터 분석』, 『포스트 휴먼과 융합』, 『기술혁신』, 『홍릉벤처밸리』, 『동북아 시대의 코리아벤처밸리』, 『기술혁신의 산업경제발전론』, 『연구윤리 포럼』, 『연구부정 의심행위 조사 · 검정 보고서 작성 매뉴얼』 등의 단행본 및 보고서 100여 권과 "A Study on the Trend of Employment Effect and Employment Policy in the Digital Bio-healthcare Industry"(2021)를 비롯한 200여 건 이상의 논문 등 발표 자료가 있다. 현재 4차 산업 혁명과 AI 경영, 디지털 경제와 디지털 트렌드 분석, 디지털 기업 사례 분석과 비즈니스 모델, 빅 데이터와 데이터 비즈니스 혁신, 디지털 헬스케어와 AI 헬스케어 경영, 양자 AI와 시장 모델, 국내외 주요 혁신 기업 컨설팅, 특히 중소기업의 해외 시장 진출과 공동 R&D 기획 및 협력, 창업과 기술 사업화 및 글로벌 기술 협력, 연구 윤리 및 AI 윤리 등에 집중해 연구 중이다.

임희정

유타대학교 경제학 박사를 취득하고 현대 경제 연구원(HRI)에서 경제 동향 실장과 연구 위원 등으로 활동했다. 또한 RehabCare Group Inc.(USA)의 Business Consultant, 기술 경제 경영 연구원 연구 위원, 한국 과학 기술원 대소과학 기술 협력 센터 연구 조원 등으로 활동했다. 현재는 경기도 일자리 재단 일자리 연구 센터 선임 연구 위원으로 재직 중이며, 일자리 지원 팀장, 중장년 일자리 센터장, 정책 연구 팀장 등으로 활동하고 있다. 주요 연구 학술 활동으로 『AI 경영론』, 『AI(인공지능) 시대의 데이터 경제학』, 『빅데이터 분석』, 『Measuring Productivity in Frontier and Non-frontier model』, "디지털 전환 시대의 미래 일자리 분석", "경기도 및 시·군 일자리센터 거버넌스 효율성 제고 방안", "경기도 중소기업 청년근로자 지원 정책 도입방안 기초연구", "경기도 청년층 일자리 정책 개선방안 연구", "국내 지식기반 서비스업의 특징과 과제", "국내 서비스업 수급 현황과 시사점", "국내 적자가구의 가계수지 특징과 시사점" 등의 단행본 및 보고서가 있다. 현재 디지털 헬스케어와 AI 헬스케어 경영, 인구 구조 변화와 일자리 창출 방안, K-Culture 확산과 지역 경제 활성화 방안 등에 집중해 연구 중이다.